D0871273

Misterios de la historia

SÍMBOLOS OCULTOS Y MÁGICOS

Olga Roig

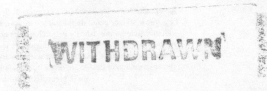

Copyright © EDIMAT LIBROS, S. A.
C/ Primavera, 35
Polígono Industrial El Malvar
28500 Arganda del Rey
MADRID-ESPAÑA
www.edimat.es

ISBN: 978-84-9764-864-6
Depósito legal: CO-735-2007

Colección: Misterios de la historia
Título: Símbolos ocultos y mágicos
Autor: Olga Roig
Diseño de cubierta: Juan Manuel Domínguez
Impreso en: Taller de libros, S.A.

IMPRESO EN ESPAÑA – *PRINTED IN SPAIN*

INTRODUCCIÓN

No nos damos cuenta, pero los símbolos están por todas partes. Es más, vivimos en un mundo cargado de iconos, señales, signos y símbolos que nos facilitan no sólo una convivencia con el entorno, sino el desarrollo de la cotidianidad. Sin embargo, en los símbolos hay mucho más que una indicación, consejo o mandato. El símbolo posee una retórica, es cierto, pero a la vez es en sí mismo todo un sistema de comunicación.

La trivialidad ha conquistado el mundo del símbolo y hoy muchos de ellos no parecen ser más que señales de información, marcas comerciales o anagramas que nos garantizan la popularización y la extensión de la información. En cambio, más allá de lo puramente material, más allá de lo fundamentalmente comercial o publicitario, el símbolo posee una esencia propia que deberíamos conocer.

Centrémonos por un momento en la cotidianidad. ¿Qué hace que una marca sea recordada? Sin duda la publicidad. Ahora bien, ¿qué es lo que provoca que un anagrama o símbolo quede impreso en la memoria? No sólo la campaña de *marketing* que haya detrás de él, tampoco la costumbre de verlo al paso de los años. Lo que implica la pervivencia del signo o símbolo es su poder mágico, su fuerza energética. En definitiva, el impacto que genera en nuestro subconsciente.

5

Los símbolos son un resumen y, a la vez, un arquetipo. Son una puerta abierta para las sensaciones, la introspección, la meditación y, cómo no, la magia. El símbolo nace fruto de una acción real, pero también de una situación deseada. Así, un punto puede marcar el inicio de un camino, pero a la vez ser el origen de un círculo. Un círculo nos puede recordar el aislamiento a la vez que la protección. Ambos signos, punto y círculo, poseen connotaciones psíquicas. De esta forma, el punto nos podrá servir como referente para la concentración y posterior meditación o incluso proyección de lo psíquico y de las ideas, mientras que el círculo podrá ser utilizado como delimitador en el cual encerrar aquello que deseamos lograr y que proyectaremos en la mente.

A lo largo de las siguientes páginas vamos a conocer un gran número de signos y símbolos. Los veremos impresos, pero debemos recordar que al margen de la impresión, el símbolo puede materializarse o personificarse en un objeto. Por ejemplo, el punto puede transformarse en una pequeña piedra; de esta forma, cuando veamos la piedra o trabajemos con ella, en sí lo que estaremos haciendo es trabajar con un elemento que representa un símbolo. Otro ejemplo sería el círculo: podemos describirlo en la arena, pintarlo de modo identificador ritual en la frente o incluso formarlo con un montón de granos de sal.

En los casos anteriores el símbolo posee una doble fuerza, ya que tiene el poder de lo que representa en sí y la energía del elemento en que está siendo representado. Estos aspectos son muy importantes, no sólo si queremos descubrir el significado de los símbolos, sino también para poder trabajar con ellos.

Decíamos que el símbolo, tanto si es religioso, como mágico u oculto, puede manifestarse en un elemento y, cómo no, también en la mente. Así veremos que el simple hecho de pensar en una figura determinada, en un símbolo concreto, ya nos está conectando con la esencia de otro tiempo, de otro lugar. Nos conecta con algo profundo y sutil que no es sino el valor arquetípico del símbolo. Por ello, a lo largo de los diferentes capítulos, iremos viendo el símbolo, conoceremos su historia, origen y multiplicidad de interpretaciones a lo largo y ancho de las culturas. Pero también, y este punto es relevante, descubriremos que algunos signos pueden ser utilizados en nuestro propio beneficio, ya sea mediante una simple ceremonia mágica como a través de un ejercicio de integración con él, o efectuando determinados gestos o posturas corporales, entre otras maneras.

Una de las preguntas que surgen siempre a la hora de interpretar el símbolo es: ¿existe una sola interpretación? Desde un punto de vista simbólico e histórico sí que podemos hallar, a veces, una sola forma de interpretar aquello que vemos, pero el símbolo es subjetivo. Dicho de otra forma, es cada uno de nosotros quien ve el símbolo y quien percibe su emanación e influencia, más allá del valor histórico, social o religioso que pueda tener. Por ello el símbolo no debe circunscribirse jamás a un sólo punto de vista, puesto que en ese caso lo que estaríamos haciendo sería reducir notablemente su poder.

El símbolo es subjetivo, parcial e incluso cambiante. Ello quiere decir que si bien —volviendo a uno de los ejemplos ya dados— el círculo puede manifestar la protección o la delimitación de una cosa, cuando es observado nos puede generar una serie de impresiones que, tiempo después, al volver a ser analizado, a lo mejor han cambiado.

Entender la subjetividad del símbolo es esencial para poder trabajar con ellos. El lector observará que a la hora de explicar e interpretar los símbolos lo hacemos de una forma genérica. Y que, al margen de aportar su historia o implicaciones enigmáticas, en determinados casos, efectuamos un apunte con respecto a su utilidad. Pero este apunte es puramente orientativo, ya que cada persona debe descubrir y trabajar el símbolo para obtener de él su revelación.

La revelación es precisamente uno de los objetivos de este libro, ya que ha sido configurado para que el lector no sólo pueda descubrir qué se esconde tras un símbolo, sino también para que tenga la oportunidad de trabajar con ellos de una forma sencilla y fácil. Para ello hay dos formas de utilizar este libro; de una parte es aconsejable leer todo lo referente a las prácticas y ejercicios por un lado y, de otra, ir descubriendo aleatoriamente los significados de los símbolos.

Otro aspecto importante para el buen aprovechamiento de la obra será tomar nota de las impresiones que nos causa un símbolo determinado, más allá del significado explícito que incluye. El lector se dará cuenta de que, a veces, lo que para él puede representar el signo no tiene una relación exacta con lo que se ha expuesto en el libro. Insistimos en que ello es lógico, ya que el símbolo siempre genera en el observador diferentes sensaciones. Pero si tomamos nota de lo que percibimos o de la transmisión que nos ha otorgado el símbolo, veremos que a medida que vamos observándolo nos da más matices, e incluso sentiremos que apreciamos ciertas diferencias en función del momento o día en que procedemos a la observación.

Por último, a lo largo de la obra el lector encontrará algunos símbolos que acompañan a la explicación que se da sobre ellos. El objetivo, al margen de ilustrar, es que el símbolo tenga una aplicación práctica, de manera que el lector que lo desee pueda copiarse los dibujos de dichas páginas para usarlos en su propio beneficio a través de una meditación, visualización, etc.

Capítulo primero
ORIGEN E HISTORIA DE LOS SÍMBOLOS

Resulta muy complejo, por no decir imposible, establecer un reloj biológico para los símbolos, una fecha de nacimiento o de creación. En la mayoría de los casos, no podemos decir cuándo nace el signo o símbolo, y mucho menos cuál será su significado primigenio.

Es cierto que en la actualidad conocemos un gran número de anagramas y símbolos, y que están relacionados con actitudes o actividades y significados contemporáneos. Así, la «@» o signo de la arroba, es una vinculación que nos pretende dar un toque de modernidad tecnificada y que nos da a entender que al usarla estamos formando parte de algo cibernético. La arroba se ha convertido en un signo indispensable, por ejemplo, para el correo electrónico. Sin embargo, más allá de su puro uso cotidiano, como símbolo que es, se ha transformado también en un elemento que se emplea de forma comercial o personal, para dar a entender que quien lo usa está al día. La arroba aparece en mecheros, camisetas, anagramas de empresas e incluso hay pequeños aparatos de radio que tienen la forma de una arroba. Es lógico que el signo inicial, cuando queda convertido en un logotipo de empresa o en el estampado de una camiseta, deja de tener su utilidad real para pasar a formar parte de la simbología.

En el caso que nos ocupa, y suponiendo que dijéramos que la arroba simboliza lo moderno, tecnificado y ciberespacial, también podríamos asegurar que es un símbolo que nace en la década de los noventa y que alcanza su máximo esplendor en los últimos años del siglo xx. Es, pues, un signo cuya historia parece estar bastante bien identificada, pero como veremos con la mayoría de los signos, especialmente aquellos que resultan mágicos o esotéricos, las cosas cambian, su origen se pierde, la mayor parte de las veces en la llamada «noche de los tiempos».

Veamos otro caso muy interesante: el signo de la cruz. Si lo asociamos a la tradición cristiana no estamos cometiendo un error, el fallo estaría en pensar que dicho símbolo se remonta sólo a poco más de 2.000 años y que fueron los cristianos quienes lo crearon. En primer lugar, debemos saber que los primeros cristianos, para reconocerse entre ellos, utilizaban una serie de códigos simbólicos. Uno de ellos era el pez, y no la cruz, que fue incluida posteriormente como anagrama y símbolo principal de la institución religiosa.

La cruz, tal como la conocemos hoy, antes de los cristianos pudo representar la muerte, la intersección de los caminos, la unificación de dos ideas, etc. ¿Cuál es su origen auténtico? Como símbolo, lo desconocemos.

Es evidente que todo símbolo tiene un origen, pero éste no siempre se corresponde con la historia más reciente ni tampoco con las únicas vinculaciones que le hemos querido dar o que más recordamos. Así, viendo otro ejemplo, la cruz gamada, que para nuestra cultura representa el mundo de los nazis y la dictadura alemana, en realidad es un signo muchísimo más antiguo, que fue utilizado en oriente como figura meditativa. En cambio, para muchas personas esta información no existe y piensan que fue inventado por los mandatarios nazis.

Los símbolos nacen como consecuencia de encontrar una explicación para lo desconocido. Al tiempo, surgen como una manera de resumir conceptos, intenciones y hasta sensaciones. La creación y posterior evolución de las diferentes figuras simbólicas es un esfuerzo evolutivo realizado por el ser humano, no sólo para poder expresar aquello que siente en su interior, sino también para dar a entender a los demás lo que quiere comunicar.

Para entender la historia de los símbolos debemos comenzar por ser capaces de establecer diferenciaciones en los conceptos que los rodean. De esta forma, vemos que en torno al término «símbolo» surgen numerosas variantes. Así, veremos que será necesario distinguir entre emblemas, atributos, metáforas, alegorías, parábolas, etc. Todo ello serán símbolos. Unos más enigmáticos que otros pero, en definitiva, no son sino la especialización de aquello que se quiere explicar.

Aunque desde un punto de vista literario, e incluso de expresión, las palabras símbolo y signo suelen utilizarse como sinónimos, debemos entender que forman parte de conceptos diferentes y, por tanto, de distintas naturalezas. El símbolo es un libro abierto. En sí, es un texto formado por múltiples palabras capaces de ser interpretadas desde diferentes versiones. Por su parte, el signo es una interpretación muchas veces parcial de la totalidad del símbolo.

El símbolo produce la abstracción, genera la creatividad y permite la expansión de los sentidos y la conciencia. Dicho de otra manera, genera el signo que se convierte en la explicación del símbolo.

Para clarificar estos conceptos, supongamos que el símbolo raíz es el fuego, y el signo una señal de tráfico instalada en una carretera forestal que nos presenta un dibujo alegórico formado por las llamas de una hoguera o por la señal de prohibición marcada sobre un cigarrillo. Cuando vemos las señales de tráfico referidas, todos entendemos que estamos en un lugar en el que está prohibido encender fuego, hay peligro de incendios y, si cometemos la imprudencia de encender un cigarrillo, podrá acaecer una desgracia. Pero a ninguno de nosotros se nos ocurrirá buscar la evocación de esas señales intentando una nueva interpretación.

Con el ejemplo anterior vemos que el símbolo originario es el fuego, la capacidad de trasmutación, el peligro, la muerte, la prevención, la evolución espiritual, la magia... Todo ello es lo que puede representar sucintamente una hoguera, pero podríamos encontrar muchísimas otras explicaciones. Sin embargo, a través de las señales de tráfico en las que empleamos el símbolo del fuego, simplificamos los múltiples significados y terminamos por quedarnos con tres o cuatro básicos: incendio, peligro, desgracia, devastación e incluso muerte.

Con todas las señales que somos capaces de reconocer y entender, bien porque las hemos estudiado o porque alguien nos ha comentado su significado, ocurre algo similar: llega un momento en que, al verlas, producen un impacto en el cerebro, que automáticamente comprende el mensaje. El motivo es que en las señales no vemos símbolos sino signos. No vemos todos los capítulos del libro abierto, que es el símbolo, sino tan sólo algunas de sus palabras, que son los signos.

Decíamos anteriormente que el ser humano necesita ampliar y definir aquello que siente, observa o quiere expresar.

Veamos en qué podemos dividir los símbolos:

1. El emblema

En general, suele tratarse de figuras o imágenes que han sido adoptadas para expresar una serie de hechos convencionales que todo el mundo puede conocer. Habitualmente el emblema manifiesta o representa ideas y entidades. Por ejemplo, un emblema es la bandera de un país, los diferentes símbolos que contiene un escudo heráldico o aquellos que podemos ver, ya modernamente, en los logotipos de una empresa.

2. Los atributos

Aunque también son símbolos, acaban siendo imágenes que hacen alusión a una idea colectiva o a un principio ético o moral. Por ejemplo, adoptamos la balanza como símbolo de la justicia, la cruz roja o la media luna roja como símbolo de solidaridad y ayuda sanitaria, y también las alas como logotipo, por ejemplo, de una compañía aérea o de un cuerpo militar. Pese a estas limitaciones, deberíamos tener en cuenta que, al margen de lo referido, tanto la cruz como la luna, como las alas, como la balanza, poseen otras muchas interpretaciones.

3. Las alegorías

Todos los símbolos resultan alegóricos, porque siempre hacen alusión a diferentes parámetros interpretativos. Ahora bien, la alegoría suele ser la transformación de un símbolo en algo figurativo, que puede ser una hazaña, una virtud, un ser abstracto o un concepto difícil de explicar. Un ejemplo de estos conceptos alegóricos lo vemos en el triángulo iridiscente que contiene en su interior el ojo de Dios. Con la agrupación de estos símbolos hemos conseguido expresar, sin prácticamente utilizar palabras, lo que representaría la divinidad. Otro ejemplo alegórico sería el del clásico querubín alado. Los expertos de angeología aseguran que en las tradiciones mitológicas e históricas de las diferentes culturas que contemplan la existencia de los ángeles, no se nos habla de angelitos infantiles rollizos de dulce expresión facial y dotados con alas. Es más, la apariencia de los ángeles en todas las pinturas suele ser la de un humanoide adulto, ocasionalmente anciano. La interpretación alegórica de la bondad, la inocencia o la ternura, manifestada en rollizos querubines, es una creación humana fruto de los artistas. En cambio, todos entendemos lo que nos quiere transmitir una figura infantil alada como la descrita.

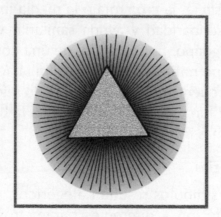

4. La metáfora

Así como en el ejemplo que hemos citado en el punto anterior vemos que las representaciones angélicas pueden manifestar pureza, virtud y positividad, hay símbolos que, resultando alegóricos, pueden simbolizar conceptos totalmente contrarios. Un ejemplo de ellos serían las diferentes figuras que hacen referencia a lo nefasto y maligno como los símbolos demoníacos.

Cuando un símbolo, en este caso alegórico, posee una dualidad interpretativa que suele venir justificada por la comparación o los conceptos que hacen de él diferentes creencias, decimos que se produce la metáfora. Un ejemplo de ello es el símbolo del dragón. Para la cultura occidental el dragón es el mal, es el ser que hace o habita en lo profundo de los abismos, en la oscuridad e incluso en las entrañas de un volcán, símbolos todos ellos de lo nefasto. Un ejemplo de metáfora es el símbolo del caballero medieval matando al dragón. En dicha secuencia observamos numerosos elementos simbólicos: el caballo es el bien y se convierte en soporte material de aquel que lo conduce, el jinete. El caballero representa la salvación, la ostentación del poder que tiene lo divino sobre lo demoníaco. La lanza o la espada con las que luchará contra el dragón no son más que figuras alegóricas y metafóricas de la virilidad del jinete; al tiempo, las armas representan el principio activo de la acción. El dragón, metafóricamente, es el signo o la bestia que lanzan los demonios contra los hombres para privarles de su bienestar.

En Oriente la metáfora del dragón varía, dado que allí encontraremos que habitualmente esta criatura suele ser benéfica. Merece la pena resaltar la gran tradición del dragón blanco enviado por los dioses del alto Himalaya para ayudar a los hombres en su evolución espiritual. Pero incluso más allá del color que, como veremos oportunamente, también nos sirve como forma de símbolo, los mitos y leyendas orientales establecen que hay dragones tanto buenos como malos. No se quedan con un solo símbolo que vincula a la criatura con la adversidad, sino que emplean la metáfora del símbolo para dotarlo de una dualidad interpretativa.

Como vemos, la generación de los símbolos y, por supuesto, las posteriores interpretaciones que hace el ser humano de ellos, no es sino una forma de evolucionar. Los símbolos nos permiten apartarnos de lo convencional, de lo tangible y de lo que es objetivo, abriendo un plano de conciencia que, mientras no se demuestre lo contrario, nos diferencia notablemente de los animales. Sabemos, por ejemplo, que el bonobo y el chimpancé son dos de los animales más evolucionados e inteligentes relacionados con la familia del ser humano. Ambas especies pueden ver símbolos que reconocerán, tras un largo período de aprendizaje, como figuras útiles ya sea para comunicarse u obtener alimentos, pero hasta la fecha no podemos saber si dichos símbolos les provocan la evocación de la imaginación. Mientras que para Freud el plátano, aparecido en una visión onírica, era la manifestación del deseo sexual ya que evocaba la comparativa de la fruta con el pene, debemos imaginar que para un chimpancé un plátano es simplemente un alimento.

Los símbolos, a través de su evolución por la historia, nos demuestran que prácticamente todo, desde un objeto hasta una acción, puede ser revestido de una cierta simbología. La simbología y la posterior significación de aquello que vemos o hacemos vendrán determinados por nuestro grado de cultura.

Un claro ejemplo de la evolución simbólica lo tenemos en la figura de la mano. Los hombres primitivos embadurnaban sus manos con pigmentos naturales para posteriormente plasmar sus palmas en las paredes de las cuevas. Seguramente, con esta acción querían simbolizar el deseo de cazar, puesto que las manos eran lo que empleaban para luchar y sobrevivir. Una segunda interpretación es que la mano, o más concretamente la palma de ésta aplicada a las paredes de la cueva, implicaba pertenencia y marcaje. Es tanto como decir: «Yo he estado aquí» o «Esto es mío». En la actualidad estamos utilizando la palma de la mano orientada al frente como símbolo de detención, aviso e incuso mandato. Pero no podemos olvidar que la palma de la mano tiene otras muchas simbologías.

Cuando los colonos ingleses llegaron a Norteamérica, se encontraron con la sorpresa de que los nativos, a los que posteriormente procederían a exterminar, les saludaban con la palma de la mano en dirección a ellos, acompañando dicha acción con el vocablo que popularmente se conoce como «Hau». Para muchos de los europeos, al principio, aquello era un símbolo de hostilidad, algo así como «detente y no pases» cuando, en realidad, los nativos americanos con aquella acción comunicaban un saludo. Al mostrar la palma de su mano pretendían decir: «Voy desarmado, no te voy a atacar». Curiosamente, en nuestra cultura europea el apretón de manos tiene un significado similar, ya que el hecho de alargar el brazo y estrechar la mano quiere significar que estamos desarmados, que no atacaremos, y por tanto manifiesta armonía y deseo de concordia.

Modernamente, los investigadores y expertos en comunicación no verbal analizan diferentes signos que tienen como protagonista principal a la mano. De esta forma, se establecen distintos estudios al respecto de cómo estrechamos la mano de nuestros interlocutores y la forma de hacerlo. Por ejemplo, la orientación que adopte la palma respecto al interlocutor implicará aquello que consciente o inconscientemente deseamos transmitir.

Decíamos que todo objeto es susceptible de ser convertido en símbolo. Un ejemplo de la evolución de los significados que tienen los símbolos queda latente en cómo los interpretamos. La manzana, que es alimento, se ha empleado como signo religioso que marca la tentación de Eva y la posterior expulsión del Paraíso de Adán y Eva. Modernamente simboliza el fruto del deseo y del erotismo, justo a partir del momento en que los creativos de *marketing* convirtieron una manzana en unos sugerentes glúteos femeninos.

Otro símbolo que evoluciona es el corazón, que pasa de ser arrancado de las piezas cazadas y de los enemigos abatidos como representación del poder, la integridad y la energía, a manifestar la ternura, la vinculación afectiva y, en definitiva, el amor e incluso la vida. El experto en símbolos doctor Ferenzi asegura que éstos son los que unen comportamiento, pensamiento y palabra al sentido que todo ello tiene: la comunicación de una experiencia o sensación interior.

El eminente psicólogo Jung afirmaba que los símbolos, más allá de ser una alegoría comunicativa, en realidad eran imágenes que nos servían para designar todo aquello que veíamos y comprendíamos pero no sabíamos explicar. Para Jung, el símbolo nos transporta hacia el más allá mucho mejor que cualquier palabra de cualquier lengua.

La historia y evolución del símbolo se resume en algo muy simple: la subjetividad. La mayoría de los investigadores coinciden al afirmar que el símbolo sólo tiene sentido cuando es observado, cuando alguien fija la mirada en él o lo descubre. Es, por tanto, subjetivo, ya que es el observador quien al tomar conciencia de lo que tiene ante sus ojos procede de inmediato a efectuar una interpretación de aquello que ve. Cuando no existe una formación previa, es decir, cuando no hay un registro en la memoria capaz de proceder a una interpretación objetiva del símbolo, éste se manifiesta de forma evocativa adquiriendo sus distintos matices, pero, en síntesis, todo es subjetivo.

La historia evolutiva del símbolo es, pues, la historia de la humanidad, de sus culturas, del uso que ellas han hecho tanto de lo que veían y de lo que sentían, como de todo aquello que incluso vivenciaban en su interior, por ejemplo, a través de los sueños.

Capítulo II
GUÍA PRÁCTICA DE TRABAJO SIMBÓLICO

Como hemos visto en el capítulo precedente, la riqueza que nos ofrecen los símbolos es muy notable. Nos ayudan en la comunicación, en la comprensión, en el vínculo y, por supuesto, forman parte de lo que podríamos denominar el trabajo místico o evolutivo.

Si bien esta obra no tiene como objeto enseñar a trabajar con los símbolos, ni tampoco a utilizarlos con fines mágicos, sino simplemente exponerlos para que sea el lector quien en última instancia decida qué desea hacer con ellos, consideramos que es interesante exponer, aunque sea de forma breve, los preceptos básicos alusivos al trabajo con símbolos. Como puede imaginar el lector, a veces no basta con mirar, sino que es necesario que nos integremos con aquello que estamos percibiendo. Por ello podemos distinguir, *grosso modo*, tres formas de manifestación simbólica:

1. Símbolo activo

Es aquel que el operador, mago, sacerdote o místico genera o crea para lograr un objetivo indeterminado. El símbolo activo es, pues, un trazo o una acción artesanal de construcción. Este tipo de símbolos que pueden fabricarse pintándose en la pared de un templo, el interior de una cueva, sobre un lienzo o en cualquier otro soporte al uso, nacen del espíritu creativo de quien los fabrica que, al

21

dibujarlos o confeccionarlos, pretende la emanación energética de ellos.

En ocasiones, el símbolo activo procede de una acción, es decir, es un gesto, una postura o la colocación de determinados objetos. Un ejemplo de ello lo vemos en los druidas que situaban pequeñas piedras móviles en sus bosques como símbolos de protección, posesión y comunicación con otros druidas. Por lo que se refiere a la gestualidad, cualquiera de las posturas meditativas o yóguicas que nos vengan a la mente son una muestra de la utilización de los símbolos activos.

2. Símbolo pasivo

Por definición, es aquel que ya ha sido creado y que observamos. A diferencia del activo, el símbolo pasivo es aquel que miramos o contemplamos con una finalidad ya establecida pero que no hemos fabricado. Un ejemplo de ello sería rezar frente a un icono sacro, meditar observando una figura espiritual o, simplemente, contemplar cualquier imagen para observar, sin más, qué tipo de sensación nos transmite.

3. Símbolo integrado

Puede ser cualquiera de los dos anteriores, es decir, podemos fabricarlo y buscar sintonizar con él, o bien recurrir a uno ya existente. La integración acontece en diferentes fases, pero lo más importante de todo es que el observador, al hacer suyo el símbolo, recoge toda la energía que transmite.

Trabajar con los símbolos

Una vez partimos de la base de que ya disponemos de un símbolo, activo o pasivo, llega el momento de experimentar con él, de sentir su fuerza. En la actualidad, el trabajo con símbolos suele estar generalmente reservado a los talleres de crecimiento personal, a los estudios psicológicos y, en determinados casos, a las creencias religiosas de índole meditativa. En otros tiempos, el símbolo tenía una mayor vida práctica ya que se trabajaba con él en casi todos los aspectos de la vida.

Para lograr un óptimo resultado a la hora de emplear los símbolos, no basta con mirarlos y ver qué sucede. Según el experto en simbología Henri Pfeiffer, el trabajo con símbolos requiere, ante todo, de paciencia, fuerza de voluntad y mucho tiempo. Una labor adecuada supondrá seguir fases como las que describimos seguidamente:

1. Preparación

El operador deberá recurrir a un lugar que le permita tener cierta intimidad y tranquilidad. Será un espacio en el que no vaya a ser molestado y desde el cual ejercitará las prácticas de integración y trabajo simbólico.

En esta fase de preparación, que puede llevarse a cabo tanto desde un templo como en un paraje natural o en la estancia de una casa, es imprescindible la relajación. Adquirir un estado relajado no es, como muchas personas creen, sentarse, cerrar los ojos y acabar durmiendo. La relajación depende de tres puntos esenciales:

a) Respiración

El ciclo respiratorio que mantenemos en la cotidianidad afecta tanto a nuestro estado de salud física como al correcto desarrollo de lo emocional. Sabemos que una respiración acelerada y sin compás producirá inquietud, angustia e incluso, en determinados casos, estados de violencia.

La respiración es esencial para conseguir que el cuerpo y la mente se relajen. Hay muchas formas de respirar pero también numerosos tipos de capacidades pulmonares e individuos. No podemos caer en el error de pretender seguir un sistema homogéneo de respiración que sea igual para todo el mundo. Lo ideal es que cada persona termine por generar su propio método respiratorio, aquel que le resulte más cómodo y que le otorgue mayor serenidad.

En general, la respiración debería tener cuatro fases: inspiración, retención del aire, expulsión del aire y tiempo de aguante sin respirar. Pero otro sistema, más cómodo y sencillo, es el denominado «respiración circular», que consiste en hacer que el aire entre y salga del organismo de forma muy lenta pero sin pausa alguna.

La respiración, y más concretamente el hecho de concentrarnos en la entrada y salida del aire, se convertirá en el mejor método de relajación, ya que poco a poco sentiremos que el cuerpo va quedando flojo y sin tensión de manera que la mente se apacigua de forma automática.

b) Posición

Podemos relajarnos tanto si estamos en pie como sentados o tumbados. Sin embargo, en las primeras prácticas nos resultará mucho más cómodo en la posición de acostados.

En el caso que recurramos a la relajación de sentados, debemos hacer lo posible para que la espalda se mantenga recta, al tiempo que las plantas de los pies están perfectamente asentadas sobre el suelo y las piernas forman un ángulo recto.

Una postura inadecuada de relajación, es decir, que nos genere incomodidad o que provoque movimientos, sólo nos servirá para tener molestias físicas y, por tanto, para distraernos.

c) Control de la mente

Lo ideal de la relajación, no sólo para trabajar con la fuerza energética de los símbolos sino también para cualquier otro tipo de actividad, es dejar que fluya por sí misma permitiendo que la mente poco a poco se vaya evadiendo aunque, eso sí, debe ser una evasión controlada. En muchos grupos de trabajo psíquico se cae en el error de inducir a la relajación indicándoles a los participantes que no piensen en nada. Lograr no pensar en nada es poco menos que imposible ya que nuestro cerebro es una máquina en perpetua actividad que cuantas más veces le insistamos en que no piense en nada, con mayor frecuencia nos bombardeará con imágenes alusivas a recuerdos, deseos, etc.

La mejor forma de controlar la mente en la relajación y, por supuesto, también cuando visualizamos un símbolo, es dejar que las imágenes vayan pasando, sin intentar anularlas ni tampoco recreándonos en ellas. De esta manera conseguiremos que desaparezcan por sí solas y estaremos en condiciones de centrar la atención en nuestro estado de relajación y, también, en el símbolo que nos ocupa.

Un último aspecto a destacar, por lo que se refiere a la relajación, es que debe llevarse a cabo al menos durante unos cinco minutos previos a la ejecución del ejercicio o trabajo con símbolos.

2. Visión

Como es lógico, el símbolo debe ser mirado y observado atentamente con los ojos. Ocasionalmente, y en el supuesto caso que el símbolo posea volumen, además de verlo también podremos tocarlo. En contra de lo que nos pueda parecer, mirar no es tan fácil como parece. Una correcta mirada de trabajo simbólico requiere de tres fases:

a) Global

Debemos ver el símbolo sin más, en todo su conjunto, sin fijarnos en los detalles, simplemente observando cómo está configurado. De esta forma irá penetrando lentamente en nosotros.

b) Parcial

Observaremos los matices que nos da la figura o símbolo que nos ocupa. Sin cuestionar aquello que vemos, nos fijaremos en su color, textura, trazos, etc. En definitiva, se trata de que nos fijemos hasta en el último detalle de aquello que estamos viendo y que lo recorramos pacientemente con la mirada.

c) Difusora

Ya conocemos el símbolo y lo hemos recorrido con atención, ahora se trata de que perdamos la vista en él. Para ello, el mejor sistema es fijar los ojos en el centro del símbolo y, poco a poco, desenfocar lo que observamos. Este tercer sistema, siempre y cuando los dos anteriores se hayan ejecutado de forma adecuada, nos será de gran ayuda para integrar en nuestra mente la energía de lo que estamos viendo.

3. Visualización

Visualizar no es más que imaginar, esto es, reconstruir en el interior de nuestra pantalla mental aquello que fabricamos de la nada o bien aquello que ha sido observado con anterioridad por nuestros ojos. En el caso de los símbolos, una vez superadas las fases de visión, debemos trabajar cerrando los ojos y haciendo que aquello que hemos observado se reproduzca en el interior de la mente. Para conseguirlo, nuevamente, llevaremos a cabo tres fases:

a) Punto de origen

Centraremos la atención en la parte superior del entrecejo. Imaginaremos el nacimiento de un pequeño punto de luz del color que más nos apetezca. Este punto será el que dará origen al símbolo. Por ello comenzaremos haciendo que el punto tenga cada vez más intensidad y crezca en tamaño. Sólo cuando el punto de luz, conocido como punto de origen, sea una imagen clara y nítida en nuestra mente, pasaremos a la siguiente fase.

b) Expansión

Poco a poco debemos conseguir imaginar que el punto de luz se transforma en el símbolo que hemos observado. Para ello podemos hacer que lo visto crezca poco a poco en el interior de la mente o bien rememorarlo de golpe. Una vez veamos con claridad el símbolo, pasaremos a la fase siguiente.

c) Materialización

Materializar un símbolo es quizá lo más complicado ya que se trata de conseguir que en nuestra mente esté perfectamente visionado al igual que lo estaría sobre una hoja de papel, un lienzo, una pared, etc. Materializar implica darle fuerza e intensidad a nuestra capacidad de concentración y de observación. Habitualmente esto se consigue con un poco de práctica y potenciando la respiración. El mejor método es, una vez que el símbolo es visible, materializarlo realizando dos o tres respiraciones muy profundas.

4. Experimentación

La fase de experimentación es muy simple y, para llevarla a cabo, tan sólo necesitaremos seguir nuestros instintos naturales. Se trata, en definitiva, de ver qué sensaciones nos produce el símbolo tanto cuando lo miramos con los ojos abiertos como cuando estamos visualizándolo con la mente. No debemos caer en el error de preguntarnos qué nos está pasando. Simplemente debemos contemplar si se produce alguna reacción física, o bien si lo observado está despertando en nosotros algún tipo de emoción. A veces, en la fase de experimentación, el operador siente inquietud, angustia, alteraciones de temperatura, pero también placidez, gozo y satisfacción.

5. Integración

Ésta también es una etapa sencilla de ejecutar, ya que simplemente se trata de sentirnos como si fuéramos el símbolo, de percibir que él ha penetrado en nosotros y que somos una única entidad que comparte la energía y vibración.

Cuando nos integramos con el símbolo se suele producir un cambio en la percepción de aquello que nos rodea. Hay personas que sienten incluso una conexión con lo arcano y, por supuesto, los hay quienes alcanzan un estado de modificación de la conciencia.

6. Emanación

Una vez que la energía de lo simbólico ha entrado en el operador, que recordemos está activando sus ciclos psíquicos mediante la relajación y la visualización, ha llegado el momento de emanar el poder del símbolo. En general, y a fin de no complicar al lector con conceptos que no vienen al caso, diremos que la emanación consiste en dejar salir del cuerpo y la mente la energía condensada mediante el trabajo con el símbolo.

En función de la doctrina o práctica que se profese, la emanación será producida a través de la oración y mediante el verbo, también a través de las posturas manuales y, en determinados casos, utilizando como recurso emisor los ojos, condensando la energía en la fuerza de la mirada.

Cómo trabajar con los símbolos de este libro

Como el lector podrá comprobar, a partir de la segunda parte de esta obra hemos establecido una exposición y análisis, agrupados por especialidades y materias, de los principales símbolos universales. Cada uno de ellos explica en síntesis el significado genérico del mismo y, desde un punto de vista más especializado, en determinados símbolos se hace referencia a posibles aplicaciones, tanto de índole energético como místico o mágico.

Lógicamente, quedará como decisión personal del lector el hecho de profundizar en el análisis simbólico y conceptual de lo expuesto, y a su libre albedrío el hecho de llevar a la práctica o no la ejecución de los símbolos con un fin concreto. En caso de que lo haga, y pese a que la gran mayoría de los símbolos poseen una ilustración que los detalla, aconsejamos al lector que, si bien en una primera instancia puede recurrir al grafismo impreso, para un trabajo más intenso o pormenorizado reproduzca las ilustraciones en otros formatos que le resulten más cómodos.

Son muchos los soportes que puede albergar un símbolo, aunque no todos expresarán la misma fuerza vibracional. Por ejemplo, resultará sumamente práctico el trazo de un símbolo sobre cartulina, papel e incluso lienzo. Sin embargo, poseerán una mayor fuerza energética aquellos que sean grabados en piedra, preferentemente de sílex o canto rodado. Otros soportes muy adecuados serán el barro y la arena, ya que dichos materiales están en perfecta armonía con el elemento tierra, que es uno de los que mayor fuerza energética posee. Finalmente, pero no por ello menos importante, merece la pena resaltar el uso de ceras que resultan muy prácticas para el trazo de símbolos sencillos.

La utilización de las ceras, al menos tal y como las conocemos hoy, se remonta a la cultura etrusca. De hecho, se cree que fueron ellos los inventores de las primigenias velas. La cera de las velas modernas suele estar combinada con otros elementos combustibles y oleicos como es el caso de la parafina. Por eso, si de verdad queremos trabajar con productos de buena calidad para trazar con ellos nuestros símbolos, forzosamente deberemos recurrir a velas confeccionadas exclusivamente con cera virgen de abeja.

Existen numerosos tratados, alguno de ellos del Renacimiento, aunque los de mayor profusión aparecieron en el medievo bajo el nombre de Grimorios, que nos explican paso a paso cómo podemos construir auténticos talismanes con la ayuda de las ceras. Las herramientas mágicas que son los talismanes acostumbran a llevar inscritos numerosos símbolos de poder. La gran mayoría de las veces se trata de figuras geométricas como círculos, cruces, estrellas o pentagramas que hacen alusión a las intenciones místicas o mágicas que se pretenden conseguir con la utilización de estos utensilios.

Como habrá comprobado el lector, la variedad de soportes es prácticamente infinita, sólo se trata de encontrar el más adecuado o aquel que nos resulte más cómodo de trabajar. En cualquier caso, y a modo de colofón, indicar que siempre que perfilemos un símbolo debemos hacerlo con conciencia, dejando a un lado las prisas por ver el resultado final del trazo.

Capítulo III
SÍMBOLOS BÁSICOS

Entenderemos como básicos todos aquellos grafismos y símbolos que poseen una mínima expresión, y que es precisamente su sencillez la que los dota de un singular poder místico. A veces, nos puede parecer increíble que algo tan simple como un punto pueda aportarnos tantos grados de conocimiento como el más extenso de los libros. Los símbolos básicos acostumbran a ser geométricos. Se producen mediante la formación y evolución de figuras precisamente geométricas, y suelen estar compuestos por líneas verticales, horizontales, inclinadas u onduladas.

A diferencia de cómo sucede en otros capítulos, en éste los signos que aparecen no están ordenados de forma alfabética sino que se incluyen por orden de importancia geométrica.

Punto

Aparece manifestado prácticamente en todas las culturas de diferentes latitudes. En general, representa el inicio del ciclo, el origen o foco de las cosas. Por tanto, está asociado a la divinidad y, modernamente, a la expansión del Big Bang.

Como origen de prácticamente todas las cosas, el punto puede interpretarse de forma aislada o formando parte de un conjunto. Para Clemente de Alejandría, cualquier cuerpo, cualquier objeto, una vez despojado de todo aquello que no era esencial, culminaba siendo un punto.

Pero el punto posee, además, la manifestación de Dios, porque se entiende que todo parte o nace de un principio, aunque sea un minúsculo punto. Por ejemplo, en el judaísmo, y más concretamente en los estudios simbólicos de la cábala judía, se nos indica que el punto posee en su interior perfectamente escondida una de las letras del nombre de Dios.

Para otras culturas religiosas, para tradiciones como las hindúes o tibetanas, el punto recibe el nombre de *bindu*, término que podríamos traducir como gota, en este caso de agua, porque existe una gran vinculación simbólica entre lo que sería el punto creador de la vida, Dios, y la vida que nace de la gota de agua. Ello no quiere decir que debamos interpretar bajo la misma simbología una gota de agua que un punto impreso, aunque ambas puedan manifestar la esencia de lo divino.

Decíamos que el punto puede permanecer aislado o formando parte de otros elementos. De hecho, una línea no es más que una sucesión continua de puntos, que en este caso adquieren una dirección. Por ello, cuando el punto se expande, como divino que es, se considera que puede hacerlo prácticamente en todas las direcciones, aunque, como veremos en el símbolo siguiente, su expansión nos lleva al símbolo del círculo.

Círculo

Representa la extensión natural del punto que toma vida. Dicha figura nos manifiesta, desde una perspectiva general, el principio y el fin de la existencia. Por tanto, es nacimiento y muerte, al tiempo que ha sido interpretado muchas veces como la manifestación del infinito.

El círculo es gestador de otros símbolos que veremos seguidamente, como son la esfera y la espiral. Pero antes de entrar en estos apartados, conviene destacar las grandes conexiones que tiene el círculo con la historia de la humanidad. Por una parte, nos remite a la hoguera, al fuego de lo sagrado y a la antigua concepción humana de que la protección estaba en torno al fuego. Es precisamente alrededor de este elemento que nuestros antepasados se reunían en sentido circular para obtener el calor y la seguridad. De esta forma vemos que el círculo une creando hermandad, vínculos y familia.

Desde otros puntos de vista, encontramos que tiene, además, las siguientes significaciones:

— Se convierte en delimitador de los espacios sagrados y profanos. El interior del círculo representa aquello que es velado, secreto, protegido y, por tanto, sagrado. Lo que está fuera del círculo manifiesta lo profano, lo no conocido, lo desprotegido y, en cierto sentido, aquello que resulta impuro para quienes están dentro del círculo.

— Se transforma en camino de evolución para el místico que sabe que debe caminar simbólicamente en círculos, generando el círculo que es su vida. Como principio y final de todas las cosas, esta figura geométrica representa los ciclos vitales, y el místico, aunque camine siempre en círculos, descubrirá cada vez nuevos matices de existencia.

— Se configura para las artes mágicas en el recinto desde el que debe operar el mago. En magia se trazan círculos de sal, círculos de azufre, de especias aromáticas o círculos con velas que pretenden establecer una clara delimitación entre aquello que es mágico y lo que no lo es. Desde el centro del círculo el mago invoca y realiza su magia, girando sobre sí mismo para proyectar su energía en todas las direcciones.

Finalmente, debemos tener presente el círculo gestual y postural. El primero consiste en trazar círculos en el aire con las manos o ayudados de un objeto o varita mágica, en este caso buscando, como en apartados anteriores, la delimitación de los espacios sagrados y profanos. El postural lo observamos a través de las danzas, concretamente de la mística de los derviches que giran sobre sí mismos trazando círculos que les conducen a un estado meditativo y de modificación de la conciencia.

Como vemos, el círculo, que podemos vincularlo al número cero, al signo del infinito, al ocho, es la coronación. Recordemos que circulares son las coronas de laurel que representan la sabiduría, la pureza y el éxito. Circulares son también las tonsuras religiosas que pretenden remarcar el seguimiento de un culto y la manifestación de la energía, también circular, emanada desde la coronilla a través del denominado chacra coronario. Por supuesto, también son circulares las aureolas con que la iconografía nos representa a las figuras celestiales.

Esfera

Es una evolución más del círculo que, en este caso, adquiere volumen en todas las direcciones posibles. La esfera representa el universo, los planetas, los satélites... Para determinadas culturas es el signo de la evolución manifestado de una forma triple, en este caso, la evolución de lo físico, la evolución de la mente o el pensamiento y, por supuesto, también la evolución del espíritu. Otros aspectos a considerar en la simbología de la esfera son:

— Si la esfera está habitada, es decir, si presenta en su interior una entidad humana o animal, nos estará haciendo mención a un arquetipo de lo sagrado. De esta forma aquello que está dentro de la esfera se considera como relevante y revelador de misterios y conocimientos.

— Cuando la esfera posee un color, el símbolo debe analizarse de forma conjunta con la tonalidad manifestada. De todas formas, partiendo de la base de que la esfera siempre será un espacio de creación a la par que de protección, estas dos palabras clave serán las que deberán guiar la interpretación del símbolo vinculado a un color.

Desde un punto de vista práctico, la esfera, o más concretamente su símbolo, se utiliza en psiquismo como pantalla de protección. Este es un símbolo muy interesante si lo que deseamos es aislarnos de algo que nos resulta hostil, ya sea una situación o una persona.

Un sistema fácil de alcanzar la protección gracias a la esfera consiste en visualizar su símbolo y, una vez que hemos logrado que tenga cierta densidad, podremos vernos nosotros cómodamente instalados en su interior.

Espiral

Se trata de otro de los símbolos que hace alusión al punto ya que, como la esfera, puede representar una expansión de él. La diferencia básica estriba en que a través de la espiral el punto (que recordemos se vincula con lo divino) está tomando vida y pasando a la acción.

En general, la espiral representa un camino a seguir, una ruta que puede ser mística e interiorizada, o abierta y participativa; todo dependerá de si la espiral es interior o exterior. Recordemos que la espiral es una sucesión de trazos circulares habitualmente concéntricos.

La espiral interior es aquella cuyo trazado comienza en el círculo más extremo, partiendo de un punto que se configura como origen y, desde él, se van trazando líneas curvas cada vez más pequeñas que culminan en un pequeño punto interior.

La espiral exterior es inversa a la anterior, es decir, el punto de nacimiento, el mayor, está en el centro y desde él se trazan las líneas curvas, cada vez mayores y que se dirigen hacia el exterior. Cuando la espiral acaba lo hace en un pequeño punto exterior.

Los apartados anteriores serán los únicos que servirán como referencia cuando debamos observar el símbolo de la espiral. Para saber si es interna o externa sólo debemos observar dónde se encuentra el punto mayor, que es el de partida. En el caso de querer trazar uno mismo la espiral la cosa cambia, ya que el operador es quien se encargará de trazarla según lo que esté buscando en el símbolo.

Cuando la espiral es interior manifiesta el deseo de la introspección, de conocerse a uno mismo, de averiguar

qué hay en el interior de la mente y del espíritu. Es un camino místico, espiritual y generalmente viene acompañado del aislamiento.

Si la espiral es exterior nos indicará los deseos de obtener el aprendizaje y la información del exterior. La espiral que fluye hacia fuera nos indica que la energía se expande más allá del operador y que éste desea compartirla con los demás, con aquellas energías que considera le son afines.

Onda

Tanto si se trata de una figura parcial como total, las líneas onduladas circulares hacen referencia a la expansión de las ideas, de la seguridad y de la vitalidad. Eso sí, siempre se tratará de una expansión controlada y protegida, segura de sí misma.

Cuando la onda genera una serie de círculos concéntricos, el símbolo nos está hablando de las diferentes etapas de la vida por las que se pretende pasar. Cada uno de los círculos concéntricos representa un valor o una fase de la evolución. En estos casos, en el centro suele haber un punto que manifiesta el origen de toda idea, pensamiento o acción. Dicho punto acostumbra a representar al operador, que es quien trazará la onda.

Cuando la onda está dirigida hacia un punto cardinal concreto, como podemos observar en algunos escudos, nos está marcando intenciones de expansión. En estos casos vemos varios semicírculos, de menor a mayor, que parecen expandirse hacia uno de los puntos cardinales.

Si la onda se expande hacia el norte, el símbolo indica el deseo de la profundad espiritual; cuando lo hace hacia el sur, lo que prevalecen son los sentimientos e ideas materiales. La expansión hacia la derecha (punto cardinal este) nos muestra el camino de la acción, de la innovación y la fuerza de voluntad. Finalmente, si la expansión es en dirección oeste, debemos entender que la expansión se entiende como reflexiva, metódica y, en según qué casos, hasta pausada.

Triskel

Este es un símbolo que nos recuerda a una hélice. Por lo general está formado por tres aspas que parecen tener movimiento, ya sea en dirección izquierda o derecha.

El triskel es una figura geométrica que fue sagrada para los celtas y, más concretamente, para los druidas, sus magos y sacerdotes, que eran lo únicos merecedores de portar un triskel en el pecho. El triskel se utilizaba como figura evocativa para la meditación y la magia, pero también como objeto ornamental indicador de que su portador era al tiempo portador de grandes conocimientos.

Este símbolo puede ser observado como protegido en el interior de un círculo, en cuyo caso nos hablará de la

necesidad de interiorizar, de proteger los secretos y las tradiciones. O podemos verlo también sin ese círculo, lo que representaría la seguridad, la expansión y el deseo de expandir la conciencia.

Decíamos que el triskel está formado por tres aspas que nacen de un punto o círculo común. Al final, en el extremo de las aspas, podemos observar una esfera o círculo que parece contenerla, pero también puede suceder que el aspa acabe en punta. En el primer caso, el círculo de finalización hace referencia al retorno al origen, a la necesidad que tiene el portador del círculo de meditar profunda y serenamente no sólo las acciones que emprenda, sino también los resultados que se produzcan. En el segundo caso, cuando el aspa termina en punta, nos está diciendo que lo predominante y necesario es la acción, la expansión de la energía, incluso más allá de las consecuencias que pueda tener.

Cuando el triskel tiene un movimiento de aspas en sentido izquierdo nos está manifestando el sentido femenino de las cosas, nos habla de la necesidad de utilizar la intuición, el diálogo y la negociación.

Cuando el triskel gira hacia la derecha nos está diciendo que la energía que prevalece es la de la acción práctica, la expansión en todas las direcciones posibles.

A grandes rasgos, el triskel es un símbolo de resumen que sintetiza los tres caminos de la mística y la evolución del ser humano. Una de sus aspas hace referencia al templo físico que es el cuerpo, pero también al lugar físico en el que se encuentra enclavada la figura, ya que tiene la misión de proteger sus paredes en el caso de que sea un templo o su estructura si es un dolmen o menhir.

Otra de las aspas hace referencia simbólica al camino de las ideas y los deseos, y a la necesidad de que éstos sean cada vez más coherentes, al tiempo que elevados y puros. Cuando el triskel está en un lugar físico, esta segunda aspa manifiesta el deseo de que las relaciones humanas sean armónicas y convergentes, alejadas de toda maldad o segundas intenciones.

La tercera y última aspa tiene por objeto el mundo de lo espiritual. En este sentido, manifiesta la conexión con los antepasados, con los difuntos, los que ya no están y, al tiempo, hace referencia a la necesidad de que su portador eleve su espíritu y perfeccione su alma.

Línea

Es curioso que algo tan simple como puede ser una simple raya en el suelo, en una piedra o a la entrada de un templo, pueda tener tantos significados y tan profundos. De entrada, valga decir que la línea por sí misma no es sino una sucesión de puntos o, si se prefiere, el camino de la divinidad y la acción que ella comporta.

A priori una sola línea no parece definir muchas cosas. Es más, se nos antoja que para tomar verdadera fuerza debería estar unida o conjuntada con otras líneas. Sin embargo, por sí misma ya nos define un camino, el de la vida, el de la existencia. En África, por poner un ejemplo, la línea representa el trazo de la vida, y también la pista que nos habla de la existencia y el tránsito de las tribus. Así, según lo larga que sea la línea hallada en el suelo, podremos entender que el camino será largo o incluso que la tribu posee muchos miembros.

La línea horizontal, de un trazo claro y definido, nos indicará si deseamos tomar el camino del materialismo y la practicidad (cuando está trazada de izquierda a derecha) o si pretendemos escoger la ruta de la ensoñación y la imaginación, en cuyo caso el trazo debe ser de derecha a izquierda.

La línea marca la constancia, la fuerza y el empeño por seguir adelante, sin interrupciones, salvo que se trate de una sucesión de líneas horizontales pero discontinuas.

Cuando la línea es vertical y ascendente, esto es, que ha sido trazada de abajo hacia arriba, nos está indicando la fuerza y el empuje de la razón sobre el espíritu. Marca una actitud positiva y una búsqueda de la divinidad, del poder del cielo y lo sobrenatural.

Cuando la línea es descendente representa la pasión, lo carnal, el erotismo y la sexualidad.

Podemos ver una forma de manifestación y uso simbólico de la línea en el antiguo y milenario oráculo del I Ching. El I Ching se compone de unas figuras llamadas hexagramas que se forman por líneas continuas o discontinuas y que, agrupadas de seis en seis, poseen hasta sesenta y cuatro combinaciones. En sí, los hexagramas de este oráculo no son un símbolo sino un signo interpretativo.

Intersección

Cuando dos líneas se cruzan, en este caso una en sentido vertical y otra horizontalmente, pueden estar haciendo referencia a dos existencias diferentes, a dos formas de pensar y también a dos naturalezas distintas. Por otro lado, las líneas que se unen en cruz marcan la unificación de los caminos y su punto más vital, más simbólico, es precisamente allí donde se unen.

La zona de intersección de las líneas representa la culminación y la totalidad. En definitiva, es el punto de la divinidad, el origen y final de toda cosa. El cruce de líneas nos da paso a otros dos símbolos que veremos más adelante y que son la encrucijada y la cruz.

Encrucijada

Como su propio nombre indica, la encrucijada nos remite al cruce de los caminos y, por extensión, al término cruz.

Si bien para muchos autores tanto la intersección como el símbolo del que nos estamos ocupando refieren idénticos significados, la gran mayoría opina que es conveniente analizarlos por separado. Hemos comentado que la intersección alude a la unificación de dos líneas, una vertical y otra horizontal. En el caso de la encrucijada es aplicable este hecho, pero también puede ocurrir que se trate de dos diagonales que acaben formando una equis.

Simbólicamente, y bajo un concepto de leyenda y tradición popular, la encrucijada es el lugar donde se dan cita los duendes, genios, demonios e incluso aquellos seres puros espiritualmente como ángeles, vírgenes, etc. La creencia más extendida es que la encrucijada representa un lugar en el que la energía adquiere fuerza y un gran poder, tanto es así que podemos interpretar una encrucijada como un lugar que nos abre la puerta a otras dimensiones o planos de realidad. Por ejemplo, para los chamanes, la encrucijada es la puerta al otro mundo, mientras que entre los bambara de Mali la encrucijada se contempla como el lugar por el que pasarán tanto los espíritus protectores como los antepasados, y es, por tanto, el lugar donde situar ofrendas para agasajo de los seres del más allá.

El punto de intersección de la encrucijada es el lugar donde el maestro espiritual se sitúa para explicar a sus alumnos los secretos de la vida y la muerte, así como para ejecutar desde allí algunos de sus rituales más sagrados, por ejemplo los oráculos. Dado que esta zona (recordemos que es el punto donde se unen los caminos) es un centro de manifestación energética, desde él se practicará, como hacen los ciseggra de África, la adivinación. En este caso, observarán el vuelo de los pájaros y, en determinadas ocasiones, analizarán las entrañas de los carneros sacrificados en ceremonia ritual.

Otros significados de este símbolo son:

— Una zona en la que efectuar descargas de maleficios y en la que arrojar los demonios del poseído. Por ejemplo, en los puntos de intersección de las encrucijadas sagradas de los bambara, se pueden situar los restos de basura y desperdicios del poblado, fetiches empleados para eliminar la enfermedad así como todo aquello que supuestamente esté cargado de una posible energía negativa para la aldea. El motivo de situar en este lugar aquello que «sobra» es para que los genios y entidades perturbadoras, en lugar de acudir a las casas, se detengan en el cruce de los caminos y, desde allí, se alimenten del mal.

— Para las mujeres lulúa, que se encargan del cuidado de las plantaciones, es una ceremonia casi obligatoria depositar en las intersecciones de encrucijada creadas a tal efecto, la primera muestra de la cosecha. Dicha ofrenda agasajará las almas de los ancestros y garantizará el desarrollo de una cosecha sin problemas.

— La encrucijada es el lugar de encuentro con el destino. Recordemos que es precisamente en un cruce de caminos donde Edipo se encuentra con su padre, a quien luego asesinará. Otro ejemplo de ese destino marcado lo vemos en Afrodita quien, precisamente y según la mitología, es en las encrucijadas donde se transforma en la diosa de los amores vulgares, lujuriosos e impuros cuando, en realidad, esta diosa manifiesta el pudor y el amor casto.

— Finalmente, resulta muy útil el símbolo de la encrucijada para, tras visualizarlo, concentrar en él aquello que está perjudicando nuestra evolución personal. Por ejemplo, si creemos que el egoísmo o nuestro comportamiento egoísta dificulta que alcancemos la evolución espiritual, debemos visualizar la intersección de la encrucijada y justo en este punto colocar simbólicamente aquello que manifiesta el egoísmo.

Cruz

En general, la cruz son dos líneas que producen una intersección entre ellas. De entrada, más allá de los conceptos religiosos, la cruz es la manifestación de la encrucijada, el cruce de los caminos, de la indecisión y la decisión. Sin embargo, al igual que sucede con la encrucijada, el símbolo posee innumerables matices de interpretación.

Merece la pena destacar que el símbolo de la cruz es uno de los más antiguos del mundo. Lo observamos en Egipto, en China e incluso en Creta, donde se halló una cruz de mármol que databa del siglo xv a.C. En general, este símbolo es expansivo. Nace de un punto originario y divino, y se expande en cuatro direcciones. Por tanto, a diferencia de la encrucijada, la interpretación y manifestación del símbolo es de dentro hacia fuera y no al revés.

Los brazos de la cruz manifiestan el contacto del ser humano entre el plano material y el espiritual. Por tanto, nos habla de la tierra y el cielo o, si se prefiere, de aquello que es tangible y de lo que no lo es.

Una de las tradiciones más antiguas que hacen referencia a la cruz, en este caso la clásica, hace alusión a los pueblos celtas. Para la cultura celta, el trazo curvilíneo predominaba sobre aquel que era recto, por ello vemos que no dibujan cruces, al menos formadas por dos simples líneas que generan una intersección. La cruz es el árbol, y este elemento, al igual que el ya mencionado triskel, era objeto de poder.

Para los druidas, que recordemos eran los magos y sacerdotes de los celtas, el árbol era el máximo objeto de evolución sobre la tierra. Consideraban que los árboles eran seres inteligentes y estaban dotados de un gran poder mágico y espiritual, y en muchas leyendas se nos habla de la necesidad de que el ser humano acabe por convertirse simbólicamente en árbol, dado que éste manifiesta la totalidad.

En referencia a la cruz, diremos que sus raíces, que formarían la base sobre la que se sustenta el vegetal, están en contacto con lo mundano, con lo material, con la tierra. El tronco implica la ascensión, el camino evolutivo en dirección a los cielos o a la vía de lo espiritual. Las ramas del árbol (que formarían el simbólico trazo horizontal de la cruz) surgen como consecuencia de la experiencia evolutiva y de lo vivido. Y es precisamente de ellas, que ascienden a los cielos, de donde se obtendrán los frutos, es decir, el producto, consecuencias y resultados de aquello que se ha experimentado.

Para los druidas, las raíces del árbol son los pies del hombre, el tronco son sus piernas y el resto del cuerpo, a excepción de los brazos. Las ramas simbólicamente se manifestarán a través de los brazos y de las manos, que serán las que finalmente produzcan los frutos. En el caso de la cabeza, pertenece tanto al tronco como a la copa del árbol, ya que es donde se supone está la savia rectora o esencia evolutiva del ser.

Volviendo a la cruz, cuando los druidas realizaban una serie de ejercicios mágicos que tenían por objeto transformarles en árboles de los que esperaban obtener su poder, se situaban en el claro del bosque, en pie y con los brazos en cruz. A través de la mencionada posición corporal el druida, convertido en una cruz humana, se limitaba a recibir la energía de la tierra y, poco a poco, vivenciaba su transformación en árbol.

Para muchos investigadores, una de las causas que provocó que los casi extintos druidas celtas abrazaran el culto cristiano fue que relacionaron de inmediato el símbolo de la cruz de dicha religión con el suyo arbóreo. Debemos tener presente que cuando el cristianismo irrumpe entre los pueblos celtas, el druidismo, que es una religión muchísimo más antigua, ya estaba en declive desde hacía muchos años. Tras la guerra de las Galias y a raíz de la caída de Vercingetorix a manos de Julio César, la sociedad celta empieza a desmembrarse al tiempo que a romanizarse. El druidismo pasará a ser un culto más, mezclado con otros tantos procedentes de los ejércitos invasores.

Como vemos, la tradición cristiana nos ofrece múltiples interpretaciones a través de su símbolo universal y, como analizaremos seguidamente, nos permite un amplio abanico de posibilidades a través de los diferentes diseños de cruces y sus travesaños. Pero antes de entrar en este aspecto, merece la pena resaltar que simbólicamente la cruz representa al crucificado, a Cristo, es decir, al salvador de la humanidad y, por defecto, a la segunda persona de la Santísima Trinidad. Pero hay un dato curioso, y es que si bien sabemos que la cruz de Cristo era una de tantas utilizadas por los romanos para ajusticiar a sus reos, todo parece estar más premeditado de lo que imaginamos...

La tradición asegura que el palo de la cruz de Cristo, en realidad, procedía de un árbol que había sido plantado por Seth sobre la tumba de Adán, cuyas partículas, luego de la muerte de Cristo, se expanden por todo el universo. Resulta significativa la presencia y vinculación entre el árbol, la vida, la muerte y la divinidad en una religión que no es el druidismo y que tiene la cruz como el símbolo de lo sobrenatural.

Las investigaciones realizadas en torno a la cruz como a la crucifixión, en cuyos dogmas de fe no podemos entrar, nos indican que en realidad la cruz pudo ser una Tau. Es decir, una cruz que en realidad forma la letra «T» y que estaría confeccionada con dos maderos, uno vertical y otro colocado a modo de capitel del primero en posición horizontal. La tradición cristiana y su simbología tienen cuatro variantes de cruces: una es precisamente la Tau, es decir, la cruz sin cúspide, otra sería la de un solo travesaño con cúspide y, finalmente, otras de dos y tres travesaños respectivamente.

La Tau representa el hecho de vencer a la muerte a través del sacrificio. En este sentido, nos dice que aunque muramos finalmente, a través del dolor tanto físico como mental que representa el sacrificio estamos aplazando lo inevitable de la muerte.

La cruz de un solo travesaño, la clásica, es la que aparece representada en el evangelio. Tiene cuatro lados, por tanto, representa los cuatro puntos cardinales y los cuatro

elementos: agua, tierra, fuego y aire. Dado que está clavada en la tierra, manifiesta, como las raíces del árbol, los profundos fundamentos en los que se asienta la doctrina que se representa con la cruz.

El cuerpo o la longitud del mástil vertical simboliza la esperanza de ascender a los cielos y, por tanto, de obtener la vida eterna. El travesaño manifiesta la caridad y la capacidad de perdón hacia los enemigos, por lo que es un signo de fuerza de voluntad, bondad y perseverancia. La cruz latina, es decir, la que tiene el travesaño en la parte superior, se vincula con los cuatro lados del rectángulo, mientras que la cruz griega, cuyo travesaño está a media altura del tronco vertical, se asocia con el cuadrado.

En el caso de la cruz con dos travesaños, conocida como cruz de Lorena y muy frecuente en Grecia, el travesaño superior es el que porta la definición del sacrificio, aquel donde se encuentra la inscripción ordenada por Poncio Pilatos que dice, mediante siglas, Jesús de Nazaret rey de los judíos, «INRI». El segundo travesaño representa los brazos extendidos del Nazareno.

Cuando la cruz tiene tres travesaños, algo que sólo fue posible utilizar, según ley eclesial, a partir del siglo XV por el Papa, representa el símbolo de la jerarquía eclesiástica y se vincula con la tiara papal, el sombrero cardenalicio y la mitra episcopal.

Otro tipo de cruz, que varía incluso en su diseño, es la direccional, que divide el círculo en cuatro zonas y que representa la mediación entre los principios masculinos y femeninos. Esta cruz suele representarse como una equis en el interior de un círculo.

Mención al margen merece también la conocida cruz ansada egipcia que recibe el nombre de «Ankh». En este caso es como si viéramos el símbolo de una Tau en cuya parte superior se ha enganchado una argolla cerrada a modo de cabeza. Se trata de uno de los atributos de Isis, aunque suele aparecer en muchas otras representaciones de las divinidades egipcias. Es un símbolo que hace referencia a la eternidad feliz de los dioses. El círculo, es decir, la parte superior curva o cabeza, representa la imagen de la perfección, pero también aquello que no tiene comienzo ni final. Por supuesto la cruz representa la muerte y, por extensión, el sacrificio del elegido.

Dado que la cruz ansada egipcia es un claro símbolo de muerte, transformación y posterior vida eterna, es común observarla en la frente de los faraones, e incluso portada por los sacerdotes como amuleto. Con respecto a los amuletos confeccionados con esta cruz, se han encontrado de numerosos formatos, usándose tanto como hebillas de cinturón, colgantes pectorales, joyas, etc. La mayoría de ellos se confeccionaban con pasta de vidrio, piedra e incluso madera, y podían situarse a la altura del cuello de la momia, si bien no en todos los cuerpos de los fallecidos ya que, como nos comenta Herodoto, en Egipto existían hasta tres tipos diferentes de momificación. En los más económicos, que eran la mayoría, el embalsamador se limitaba a realizar un vaciado de entrañas y poca cosa más, adornando el cuerpo del difunto con símbolos, entre ellos la cruz ansada, escritos o pintados directamente sobre las vendas pero no tallados para la ocasión.

Triángulo

Con esta figura entramos de lleno en aquellas simbologías que evolucionan de la línea y que nos conducen a la materialización de las cosas. De entrada, vaya por delante que el triángulo está vinculado con el número tres y, por tanto, con toda su magia, vibración y simbolismo.

Las figuras geométricas, de las que hay cientos, son complejas de interpretar, ya que para hacerlo no sólo debemos situarnos en su esencia visual sino también ampliar los conceptos para darnos cuenta de las multiplicidades interpretativas que se dan de ellas en las diferentes religiones.

En el caso del triángulo, que como su nombre indica tiene tres ángulos o formas de manifestación y, por supuesto, tres lados o formas de naturaleza, estamos ante uno de los arquetipos esenciales por lo que se refiere a los conceptos de cuerpo, mente y alma o espíritu.

Para los mayas, el triángulo representaba el poder del Sol, el germen del maíz y, por tanto, la fecundidad y la vida. Cuando el triángulo tenía la punta hacia arriba, significaba el fuego y la naturaleza masculina, mientras que cuando se manifestaba con la punta hacia abajo, hacía alusión al símbolo del agua, y, en este caso, a la mujer o representación femenina.

En general, el triángulo equilátero, esto es, aquel cuyos tres lados son idénticos, representa la armonía universal, la proporción y el equilibrio que debe existir entre el cuerpo o lo físico, la mente o las ideas, y el espíritu o el alma.

El triángulo rectángulo está vinculado a dos grados de perfección que son los que forman su ángulo recto. El inferior es la perfección en el camino de lo material, en las hazañas y acciones de lo físico. El lado vertical representará la perfección en los conceptos y las ideas. Este equilibrio entre las dos partes se mantiene siempre gracias al tercer lado del triángulo, que es el que se nos presenta en diagonal.

Dado que el triángulo rectángulo se asocia con el elemento agua, nos habla del equilibrio entre acción y emoción, y nos dice o representa la necesidad que todo ser humano tiene que saber equilibrar sus ideas con sus pensamientos.

Cuando el triángulo es escaleno nos habla de la dispersión, pero también de la fluidez de las ideas, de la búsqueda de nuevas metas y logros, y hace referencia a la necesidad de la búsqueda interior.

Cuadrado

Es uno de los símbolos que también tiene muchísimas representaciones universales. Marca la detención, el anclaje, el asentamiento de las cosas y se asocia con el número cuatro.

Desde un punto de vista genérico, el cuadrado manifiesta aquello que está estancado, que no es dinámico y que, buscando la perpetua y continua perfección, se paraliza. Platón decía del cuadrado que, al igual que el círculo, era una de las grandes manifestaciones de la belleza y de la perfección divinas. Por su parte, Plinio aseguraba que el cuadrado son los cuatro puntos cardinales, cuatro distancias, cuatro direcciones o cuatro etapas de la vida, en este caso, la previa al nacimiento o etapa de gestación, la infancia y adolescencia, la adultez y, finalmente, la vejez. Yendo un poco más lejos, Plinio atribuye al pentágono, que recordemos tiene cinco lados, a la quinta etapa de la vida que sería el más allá.

Para los celtas y los druidas, el cuadrado manifestaba también cuatro estadios de existencia que venían caracterizados por sus cuatro festividades principales: Imbolc, Beltaine, Lugnasand y Shamain. Los druidas consideraban que debía tenerse en cuenta que una etapa de formación y evolución en el sendero del druidismo constaba de cuatro veces, cuatro etapas, es decir, de dieciséis años. Pensaban que el futuro druida debía vivir cada una de las cuatro festividades un total de cuatro veces, para así integrar en su esencia la totalidad de los poderes divinos.

En Oriente, el cuadrado, desde la perspectiva de la divinidad, manifiesta los cuatro brazos de Vishnu, de Shiva e incluso de Ganesha. En Angkor el cuadrado representa a las cuatro caras del dios Tumburu.

En la antigua China se creía que el espacio era cuadrado, y para ellos la Tierra también era un espacio cuadrado que estaba definido por cuatro direcciones. Esta aplicación de lo cuadrado era extensible al mundo imperial, de esta forma el emperador recibía la influencia energética, mágica y política de las cuatro direcciones o lugares de su imperio. Por extensión, el palacio, el templo y la casa debían ser cuadrados, como también lo era el altar, ya que se creía que de esta forma todo estaba en perfecta armonía con el mundo.

La Ka'ba representa para la tradición musulmana el equivalente sobre la tierra del trono de Dios alrededor del cual giran los ángeles. El místico Ibn-Al'arabi indica, con referencia al cuadrado, que los corazones de los hombres vulgares son cuadrados ya que tienen cuatro posibilidades de inspiración o aprendizaje: divinas, es decir mediante la influencia directa de la energía de Dios; angélicas, cuando dichas entidades se le manifiestan al hombre a través de visiones o sueños; humanas, cuando el hombre aprende de otros hombres; y diabólicas, cuando son los seres del inframundo los que generan su influencia en el ser humano.

Uno de los elementos mágicos por excelencia lo encontramos en los llamados cuadrados mágicos. Se desconoce quién los inventó, pero hay quien afirma que incluso pudo ser Adán uno de los primeros en trazarlos ya que se considera que el cuadrado mágico fue inventado por Dios para que sus profetas e hijos predilectos aprendieran y evolucionaran.

Los cuadrados mágicos suelen estar divididos en otros cuadrados en cuyo interior se inscriben numerosos signos, números, letras o incluso palabras que, en función de cómo son recitados, generan uno u otro efecto mágico.

Cubo

Al igual que sucede con el círculo, que toma dimensión para convertirse en esfera, cuando el cuadrado se expande en todas las dimensiones se transforma en un cubo, que no debemos confundir con el cubilete que está vinculado al simbolismo de la copa.

El cubo es el cuadrado elevado al cuadrado. Manifiesta el volumen y simboliza el conjunto de los cuatro elementos asentados de forma estable. Esta figura representa el símbolo de la sabiduría, tanto de lo visible como de lo invisible, tanto de aquello que aún no ha nacido y no ha visto la luz como de lo que vive eternamente.

Pentágono

Es la representación del cuatro más uno, ya que es una figura geométrica que tiene cinco lados. Se asocia con el número cinco, con la interrelación y la comunicación de lo sublime y de lo sutil. En sí, no debemos confundir este símbolo ni con el pentagrama, del que hablaremos seguidamente, ni tampoco con el pentáculo, un símbolo mágico que puede tener cinco lados y que se basa en el trazo de la figura geométrica del pentágono.

Cuando el pentágono posee el vértice orientado hacia arriba, indica la posesión, el hogar, la casa, una llamada a la armonía con la existencia. Pero todo ello está vinculado no sólo a la casa material y tangible, en este caso la humana, sino también a la casa de los muertos o los espíritus, la casa intangible.

Si el cuadrado que representa al cuatro se asocia con la vivienda, el cuatro más uno que es el pentágono termina por vincularse con la misma vivienda y su asociación con el más allá. En este caso, nos habla de la relación entre la casa y los espíritus o seres del inframundo.

Pentagrama

Esta figura geométrica nace de un pentágono, y cada uno de sus lados sirve como línea base para trazar un triángulo, de manera que el resultado final es una figura similar a una estrella de cinco puntas.

Simbólicamente es una señal de reconocimiento, de expansión y divinidad. Para los cabalistas, el pentagrama era una de las puertas místicas para acceder a los secretos de Dios.

Cuando el pentagrama está orientado en ascendente, es decir, se apoya sobre las puntas de dos triángulos y presenta uno en la parte superior, simboliza la felicidad, la elevación y la perfección, representando la abundancia y la divinidad.

Cuando el pentagrama está invertido, apoyándose sólo en la punta de un triángulo, y, por tanto, teniendo dos triángulos en la parte superior, manifiesta el poder de las tinieblas, de lo oscuro y retorcido, lo demoníaco, la mala suerte y el infortunio.

Pentáculo

Es una figura que puede trazarse a partir de un rombo, triángulo, cuadrado o pentágono. En torno a esta figura base acostumbra describirse un círculo como emblema de la protección.

El pentáculo, más que un símbolo, es un conjunto de ellos, y se trata de una herramienta asociada con el culto mágico. Los pentáculos se trazan sobre pergamino, metales preciosos como oro o plata e incluso piedras, preciosas o no. Pueden contener palabras en distintas lenguas, y también signos hebraicos y cabalísticos. En artes mágicas se emplean estos elementos prácticamente para todo tipo de fines, como potenciar la suerte, la salud, el amor, etc.

Estrella

Más que una figura geométrica es una alusión simbólica a la luz y al esplendor de lo infinito y desconocido.

La estrella representa lo lejano y distante, lo inalcanzable, lo que está sin estar, ya que la luminaria de la estrella sólo es perceptible en la noche. Sin embargo, también se halla presente cuando la luz del día no nos la deja ver.

Desde una perspectiva geométrica, la estrella suele formarse a partir del nacimiento de tres triángulos que, unidos por su base, contienen en su interior también un triángulo.

A partir de una estrella de tres puntas, que representa cuerpo, mente y espíritu, podemos crear una estrella con

tantas puntas como deseemos, llegando incluso al infinito en lo que a puntas se refiere, en cuyo caso ya no tendríamos una estrella sino una esfera o círculo llameante. La estrella es, pues, parte del círculo, parte de lo divino y de lo místico.

Cuando el símbolo de la estrella es llameante o ígnea, puede recibir el nombre de «Sello de Salomón», y en este caso representa la expansión del universo.

Cuando la estrella tiene cinco puntas, se asocia al pentagrama, pero es también símbolo del microcosmos humano.

La estrella de seis puntas se corresponde al «Sello de Salomón», que está formado por dos triángulos enlazados. En este caso simboliza la unificación entre el espíritu y la materia.

En el Antiguo Testamento se hace referencia a las estrellas, y se indica que forman parte de la divinidad y que ésta las utiliza ocasionalmente para comunicarse con los hombres. Recordemos, por ejemplo, la presencia de la estrella que guiará a los profetas, la que verá Ezequiel, la que observará Moisés e incluso aquella que, como recoge la Biblia, guía a los tres Reyes Magos al lugar donde nace Jesús.

Para las culturas precolombinas la estrella tenía una gran importancia. En la mitología azteca se habla de estrellas que son una formación de serpientes y nubes. Entre los mayas, las estrellas a veces tenían ojos luminosos que irradiaban rayos de luz. Y para los incas, algunas estrellas, no todas, estaban consideradas como las damas de la corte de la Luna, y se creía que para que el satélite concediera los deseos que se le pedían era necesario, en primer lugar, pactar con sus doncellas celestiales que eran las estrellas.

Para los amerindios, las estrellas son palabras secretas pronunciadas entre el Sol y la Luna. Por eso consideraban que los chamanes y adivinos que sabían observar los tránsitos estelares y los puntos de luz que veían en el cielo, tenían la capacidad de entender el lenguaje de los dioses.

Capítulo IV
EL SIMBOLISMO DE LOS OBJETOS

No resulta fácil establecer una selección de objetos simbólicos que nos ayuden a entender el misterioso enigma que se cierne en torno a lo cotidiano. De hecho, según afirma el experto en simbología, el profesor R. Lewinsky: «Todo objeto y, por extensión, toda cosa, es susceptible de adquirir el grado de mágica, sagrada y especial. Cada persona, creencia o tradición, será la que, en definitiva, dote al objeto de una simbología especial. No existe un simbolismo concreto del objeto sino muchos. Todo objeto cotidiano, religioso o que pertenezca a una ocupación o trabajo determinado, se transforma en algo dotado de cierto espíritu, a partir del uso que se haga de él. Para los herreros medievales la fragua era tan mágica como el caldero del sanador. Ambos elementos se consideraban símbolos trascendentales. Tanto es así que, por tradición, ni el mago conoce el secreto del fuego de la fragua, ni el herrero debe conocer el secreto del fuego del caldero».

A la hora de seleccionar los símbolos que van a componer este capítulo, no hemos tenido más remedio que abrir un amplio abanico de posibilidades. Es cierto que algunos de los objetos simbólicos que abordaremos podrían estar inscritos en alguno de los otros capítulos, ya que, como sucede en el caso de la vela, por poner un ejemplo, posee un simbolismo metafísico a la vez que adivinatorio. Otro ejemplo lo vemos en la espada, que podríamos interpretarla desde la perspectiva adivinatoria o de señal de la vida como advertencia del destino. Sin embargo, en este caso, deberemos centrarnos en su uso como objeto.

Todos los objetos que componen este apartado poseen un simbolismo global. En ocasiones pueden formar parte del uso cotidiano, como sería el caso del abanico o los anillos, y a veces nos remitirán a tiempos pretéritos, pero siempre el objeto emana una vibración, más allá del uso que se le dé. El lector debe saber, pues, que además del significado simbólico incluiremos, cuando proceda, una aplicación práctica vinculada con sus usos a través de la visualización.

Abanico

Representa el semicírculo, la mitad perfecta y divina de las cosas. En África es un emblema de dignidad, fuerza e inteligencia. Para los taoístas es, en realidad, un objeto de liberación energética, ya que a través de él fluye el espíritu.

Resulta curioso que en China el abanico surge como una respuesta práctica para eludir a los espíritus nefastos, ya que abanicarse la cara con la mano era interpretado como una forma de llamar a la mala suerte, cosa que no sucedía si la persona se abanicaba con un objeto dispuesto para tal fin.

Alfombra

Lo que para Occidente ha sido un objeto de uso ornamental y práctico, para Oriente, la alfombra, la estera e incluso el tapiz han poseído desde siempre una gran relevancia. De entrada, se ha tenido en cuenta la forma física de la alfombra, esto es, si está vinculada con el cuadrado, el rectángulo, el rombo o el círculo. Por otra parte, lo que para los occidentales eran simples dibujos que embellecían el objeto, para Oriente no sólo eran manifestaciones de la vida, sino también formas alegóricas de creencias religiosas, mágicas y místicas.

El simbolismo de la alfombra está estrechamente ligado a los dibujos que presenta. Por supuesto, también al tamaño y a la forma geométrica de cada uno de los símbolos que incorpora y, evidentemente, a los colores de las formas u objetos que se encuentran plasmados en ella, cuyo significado variará según sea la procedencia geográfica de la alfombra. Por todo ello resulta muy complejo establecer una explicación genérica que sea capaz de hablarnos del simbolismo global de una alfombra o tapiz, ya que cada una de ellas es, en sí misma, un libro abierto.

A grandes rasgos diremos que, de entrada, la alfombra simboliza el aislamiento de lo material, que está representado por el suelo que pisamos. Representa un lugar sagrado o, si se prefiere, un espacio delimitado que viene enmarcado por la superficie que ocupará el tejido. Es también un símbolo de aislamiento e introspección, pues en este caso la alfombra es utilizada con fines meditativos o litúrgicos. Finalmente se convierte en talismánica cuando su uso únicamente persigue que la emanación energética producida por la estampación, anudamiento, entretejido o trama del objeto genere una serie de resultados allí donde se encuentre.

La alfombra circular se asocia con el punto y el círculo, es una representación de las potestades planetarias, de la fuerza del Universo. Desde su interior, el místico pretende expandirse al mundo para alcanzar la divinidad.

Las alfombras cuadradas, romboidales o rectangulares representan las mismas cosas. Sin embargo, la cuadrada hace alusión a los cuatro elementos, agua, tierra, fuego y aire. La romboidal, que se sabe que lo es puesto que solamente en esta posición geométrica son observables a la perfección sus dibujos, se relaciona con los cuatro puntos cardinales, Norte, Sur, Este y Oeste. Finalmente, la rectangular es una mezcla de las otras dos, al tiempo que representa al ser humano, pues como ya se ha indicado con anterioridad, la posición, tanto del hombre como de la mujer, en pie o tumbados con los brazos en cruz, representa un rectángulo.

Anillo

Esta joya tan popular representa el ciclo de las cosas, el Alfa y el Omega, el principio y el fin. Es un símbolo que alude a la protección, pero también a la pertenencia y al compromiso. El concepto «alianza», que está directamente relacionado con el símbolo del anillo, hace referencia a que, a través de esta joya, su portador adquiere una obligación o débito.

Aunque cuando observamos un anillo nos fijamos en el material que lo compone, las piedras que lo complementan o su diseño, en esencia, un anillo es un símbolo compuesto de dos elementos: uno visible, que es el objeto físico en sí, y otro trascendente, que no es sino el orificio por el que introduciremos el dedo. El agujero del anillo representa una puerta de conexión con aquello para lo que la joya fue creada.

Si el anillo es de poder, en este caso político o militar, al introducir el dedo en el agujero se está tomando simbólicamente el poder.

Si se trata de un anillo de poder místico o religioso, el orificio será la puerta de entrada que nos conectará con los mundos espirituales de los dioses.

Cuando el anillo es mágico, el agujero es la entrada al mundo de lo oculto y la posibilidad de experimentar los poderes o adquirir los atributos para los que se ha configurado el anillo.

Cuando se trata de un anillo de compromiso, ponérselo significa conectar o sintonizar con la persona que nos ha hecho entrega de la joya, persona con la que se supone existe una vinculación o compromiso del tipo que sea.

Son muchos los anillos cuya simbología y fuerza han trascendido y forman parte de la historia universal e incluso de la leyenda. Por ejemplo, los diseñados por Clemente de Alejandría, que como emblema de vinculación cristiana llevaban engarzados los símbolos de la paloma o el pez. Otro anillo que según la leyenda otorgaba la sabiduría, es el que portaba Salomón, quien al perder el anillo en el Jordán, perdió también temporalmente su inteligencia hasta que un pescador le retornó la joya extrayéndola del vientre de un pescado que había caído en sus redes. Un anillo que representó la fortuna y la suerte fue el que portó

Polícrates. Finalmente, otro anillo, también trascendente, fue el que según Platón llevaba Gigés, quien se volvía invisible cada vez que se ponía el anillo de poder.

Antorcha

Representa la luz, el poder del fuego incandescente. Es equiparable a la vela y, modernamente, a la lámpara. En general, la antorcha posee las dos naturalezas, tanto la masculina como la femenina. Es, por tanto, un símbolo de fertilidad. Su condición masculina viene determinada por el mástil o palo en el que están envueltas las telas que amparan las grasas o la sustancia que produce la combustión.

La fertilidad de la antorcha viene dada cuando ésta se enciende, ya que, en sí mismo, el símbolo de la antorcha apagada implica infertilidad, frustración, soledad y vacío. Sólo se convierte en divina y esplendorosa cuando produce su fruto que es el fuego.

La antorcha se convierte en protectora y guía, como sucede en la poderosa y famosa antorcha que portaba en su mano el Coloso de Rodas.

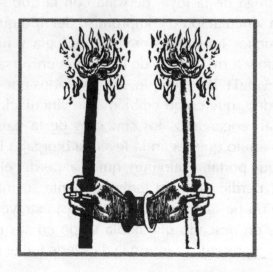

Por supuesto, mención aparte merece la antorcha olímpica, que en este caso es el testigo o la llama sagrada alumbrada por la fuerza de los dioses, la solidaridad y el hermanamiento entre las culturas y los pueblos.

Báculo

Aunque en la actualidad el báculo suele asociarse a los símbolos de la fe, dado que lo portan los grandes mandatarios de la tradición religiosa, en realidad se trata de una vara, uno de los elementos esenciales en la magia al tiempo que una de las herramientas básicas en este tipo de liturgia.

El báculo religioso significa el poder de lo celeste sobre lo terreno, manifiesta la virilidad y está asociado con el pene, por tanto, con el arquetipo masculino que insufla la vida. En el caso de la liturgia mágica, la vara o báculo del mago en realidad es la extensión de su poder sobre lo material.

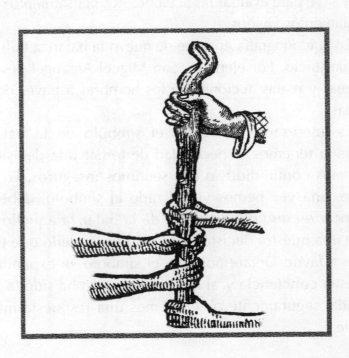

Balanza

Representa el símbolo del equilibrio y la justicia, al tiempo que, a través de su forma física, nos remite a la encrucijada, la simbiosis de las naturalezas humanas y a la divinidad.

Si observamos atentamente una balanza clásica, veremos que se compone de un mástil en línea vertical, un soporte en línea horizontal y dos platos redondos. En este caso vemos que dichos elementos representan la cruz, la unificación de los caminos y la intersección. Los platos, donde se sitúa aquello que debe ser pesado, al ser circulares representan la divinidad.

En el antiguo Egipto, Osiris utilizaba la balanza para pesar las almas de los muertos, por tanto, vemos que es un símbolo arcano que hace referencia a la naturaleza humana y sirve para evaluar las acciones, los pensamientos y los sentimientos vividos.

En la iconografía aparece de nuevo la balanza utilizada en un juicio. Por ejemplo, San Miguel Arcángel pesa las buenas y malas acciones de los hombres a través de sus almas.

Es interesante visualizar el símbolo de la balanza cuando tenemos la necesidad de tomar una decisión y estamos confundidos o nos sentimos inseguros. En este caso, una vez hemos visualizado el símbolo, debemos colocar en uno de los platos de la balanza aquello que dificulta nuestra decisión, y en el otro aquello que tenemos a favor. Dejaremos que el símbolo se expanda en nuestra conciencia y, si la concentración ha sido la adecuada, seguramente obtendremos una respuesta interesante.

Cadena

Es un símbolo arquetípico que nos habla de las vinculaciones que existen entre el cielo y la tierra, por tanto, entre los hombres y sus dioses. Según Homero, la tierra poseía una cadena de oro que procedía de la cúpula celeste. A través de los eslabones de la cadena, los dioses enviaban sus mensajes a los hombres.

La cadena tiene una relación directa con el llamado cordón astral, que en sí es una manifestación de energía corporal. Según los expertos en psiquismo, el denominado viaje astral no es más que una desdoblación de la conciencia. Para los místicos, dicho desdoblamiento recibe el nombre de «manifestación extracorpórea» y consiste en que una parte del espíritu, en este caso el llamado cuerpo astral, sale del físico pero permanece ligado a él a través del llamado cordón de plata o cordón astral, que no es más que una cadena de energía.

Cuando observamos el símbolo de una cadena en vertical, que crece anclada en la tierra y asciende al cielo, pretende trasmitirnos las dificultades con que se encontrará el ser humano en su evolución espiritual. Cada eslabón será una experiencia o vivencia que habrá de superar.

Si el símbolo de la cadena presenta nudos, pretende comunicarnos las complicaciones, la dispersión, la imperfección y, en definitiva, la prohibición de enfrentarnos a aquello que tenemos frente a nosotros.

Caldero

Representa el útero femenino. Es el receptáculo mágico y sagrado, capaz de albergar la esencia de la vida. En el caldero, que se halla presente prácticamente en todas las culturas, se cuece el alimento sagrado, la medicina y también todo aquello que pretende ser mágico.

Los símbolos alusivos a los calderos siempre transmiten una esencia de lo inagotable, así, cuando en su interior albergan alimentos, pretenden comunicarnos la abundancia. Cuando en el interior se halla una figura humana, pretende manifestarnos desde la vida eterna hasta la resurrección de los muertos. En el caso que el contenido del caldero sean monedas u objetos relativos a la riqueza, el símbolo hace alusión a la profusión de lo material.

Tres de los calderos más relevantes y mitológicos son celtas. El de Dagda se corresponde con la divinidad druídica que otorga abundancia. El que aparece en el Mabigonion es el que otorga la vida eterna y la resurrección de los muertos. En su interior se sumergían los cuerpos de los heridos o fallecidos para que en un ritual mágico volvieran a la vida. El tercer caldero es el de Kerridwen, divinidad de los poetas y los herreros, así como de los médicos. Este caldero estaba asociado a los poderes de la magia.

Uno de los símbolos orientales vinculado al caldero es la vasija china denominada Ting. En ella se hacían hervir las ofrendas a los dioses, pero también se utilizaba para hervir a los reos y que así purificasen, con la inmersión, tanto sus pecados espirituales como las faltas sociales.

Campana

Es un símbolo de sonido místico asociado a la expansión de la energía, en este caso a través de su vibración, y vinculado a la dispersión de los espíritus.

El símbolo de la campana está compuesto por dos elementos: el badajo o principio activo masculino, asociado con el órgano sexual del hombre, y el elemento con forma de copa invertida, que equivale a la matriz femenina.

En la India, este símbolo es una representación del oído, y el tañido de la campana es un símbolo de la vibración primordial que creó la vida.

En la tradición coránica, el sonido de la campana es equiparable a la revelación que implican las suras del Corán.

En Oriente, la campana puede relacionarse tanto con el trueno como con el tambor, y cuando se utilizan campanillas suspendidas de los techos de las pagodas, al margen de pretender dispersar la energía negativa, la intención es conducir la energía y el poder de Buda.

Casco

Se trata de un símbolo que es equiparable con la capucha, el yelmo, el sombrero, el gorro, etc. Todos estos elementos, con independencia del material que los compongan, simbolizan el silencio y la protección de las ideas, el secreto, los pensamientos que todavía no han sido revelados y, en general, ponen en evidencia lo que su portador quiere transmitir al mundo.

El símbolo de la capucha, generalmente de textura suave y maleable, implica la capacidad que tiene el individuo para el diálogo. Pero si se trata de una capucha rígida, por ejemplo del tipo cónico, se convierte en capirote, y en ese caso se asocia con la campana y pretende la comunicación de los sentidos sin mediar explicaciones.

Cuando el casco (que en general representa la invulnerabilidad y en según qué casos la invisibilidad), es esférico, pretende manifestar una naturaleza capaz de pactar, de escuchar, de apreciar los sentimientos e ideas de los demás. Cuando presenta protuberancias a modo de pinchos o cuernos, implica la manifestación de la energía aguerrida, destructiva o desafiante.

El casco puede ser un yelmo encantado, como el que portaba Hades, que volvía invisible a quien lo llevaba puesto. Generalmente, para que un casco otorgue la invisibilidad, debe estar dotado de signos mágicos que variarán según la cultura en que nos encontremos.

Collar

El collar suele representar el compromiso o la posesión. El compromiso lo vemos a través de los collares que los reyes portan sobre su pecho, que simbólicamente significa el peso y la responsabilidad que tienen sobre su pueblo. La posesión la observamos en los collares con que se atan o sujetan los animales, e incluso el que llevaban las personas que habían sido esclavizadas.

En cualquiera de los dos casos mencionados, el collar representa pertenencia. El rey pertenece a su pueblo, pese a que tiene poder sobre él; el collar es, pues, el pueblo. El esclavo o el animal pertenece a su dueño ya que el collar es el atributo de sujeción que lo representa.

Copa

Se trata de un símbolo que podemos asociar tanto a la campana, que es una copa invertida, como al caldero, puesto que representa el receptáculo de lo divino, de aquello que puede germinar. También simboliza todo lo que tiende a la expansión gracias al principio fertilizante de lo femenino.

La copa o, si se prefiere, el cáliz, representan tanto la abundancia como la inmortalidad, al tiempo que se convierte en un vínculo de unión entre aquellos que beben del mismo cáliz o copa.

En Japón el intercambio de copas simboliza la fidelidad, la unión amistosa entre las personas.

Entre los celtas, el intercambio de la copa representa el vínculo de la energía, la hermandad, el clan.

Para los cristianos, la copa es un símbolo cósmico que simbólicamente alberga el líquido sagrado que es la sangre de Cristo. Recordemos que una de las copas más famosas es el Santo Grial, un cáliz capaz de otorgar a quien beba de él la revelación y la vida eterna.

En el misticismo islámico la copa se interpreta como el receptáculo que contiene los sentidos y el poder de la intuición.

Para los alquimistas, el cáliz o copa es el útero universal en el que se genera la trasmutación y de la que se puede obtener el poder divino.

Daga

Aunque la simbología de este objeto suele relacionarse también con el puñal y la espada, así como con la lanza, debemos entender que no todas estas armas representan lo mismo.

La daga es sinónima del cuchillo, es un símbolo femenino, ya que mientras que la espada, larga y prominente, se asocia al falo, y, por tanto, al principio masculino de la acción, la daga representa la sinuosidad, la discreción, la lucha cercana, al tiempo que el secreto pero también la traición.

El filo de la daga y su hoja corta son los símbolos más importantes para interpretar el significado de la daga. Cuando el filo es quebrado o presenta muescas hace referencia a las experiencias del pasado y a las dificultades vividas. Cuando la hoja se bifurca ofreciendo dos puntas, pretende comunicar que el uso de la daga se llevará a cabo para justificar las ideas tanto del plano material como espiritual. Finalmente, cuando la hoja es curva, representa la feminidad, el retorno a la vida y, al tiempo, la asociación con lo divino, ya que nos remite al círculo.

Escalera

Aunque es un símbolo que ha sido sometido a múltiples interpretaciones, desde un punto de vista genérico, simplemente representa la vinculación que hay entre el cielo y la tierra, o también entre la tierra y el infierno.

Cuando la escalera se presenta en vertical, totalmente recta, nos habla de la ascensión a los cielos, de pureza y elevación espiritual. En cambio, cuando la vemos inclinada, manifiesta el camino que todavía hay que recorrer para alcanzar el mundo de los dioses.

La escalera de caracol suele asociarse con la espiral. Para los egipcios era una forma de que las almas de los muertos alcanzaran el trono de Osiris.

Dentro de la comunicación con los dioses, cada uno de los peldaños de la escalera representa un estado de evolución o progreso, por tanto, una prueba que hay que pasar para estar en contacto con Dios. Recordemos que los siete peldaños del templo de Ezequiel se corresponden con los siete dones del Espíritu Santo o siete poderes divinos. Tengamos presente también que Jacob asciende a los cielos a través de una escalera, en este caso onírica.

Escoba

Este objeto tan cotidiano y doméstico presenta una simbología muy asociada a la magia, ya que sirve para barrer el santuario de espíritus impuros. También se la utiliza para barrer los campos donde luego se cultivarán los cereales, porque si no son barridos no germinarán puesto que el producto será robado por los duendes.

La escoba se convierte en un elemento que va estrechamente ligado a la figura de la bruja. La tradición de la bruja que vuela con la escoba procede de que estas mujeres utilizaban dicho objeto como elemento mágico con el que barrer sus dominios de aquellas entidades que consideraban nefastas. Cuando la bruja acudía al aquelarre lo hacía con su escoba, y acostumbraba untarse en la entrepierna grasas y ungüentos que, junto con la sudoración corporal, provocaban una serie de combinaciones químicas, lo que la llevaba a un estado de alteración de la conciencia.

Visualizar y meditar con el símbolo de una escoba con el cepillo hacia arriba sirve para alejar de nuestra mente aquello que nos hace sentir mal. Cuando la visualización es con el cepillo de la escoba hacia abajo lo que se pretende es apaciguar nuestros ánimos.

Espada

Se trata de un arma que posee una naturaleza activa. El símbolo puede compararse también con el sable y, más lejanamente, con la daga o cuchillo.

El simbolismo de la espada siempre debe analizarse desde el punto de vista de si ésta permanece o no envainada. Cuando observamos la espada envainada, el símbolo nos dice que es posible pasar a la acción, pero que antes de llegar a ésta habrá una reflexión. La espada envainada reitera que estamos en condiciones de operar pero que sólo lo haremos cuando sea estrictamente necesario, por tanto, no marca violencia.

Cuando la espada se presenta desenvainada manifiesta la energía de la acción emprendida, no hay reflexión, simplemente se actúa.

Si observamos dos espadas cruzadas formando una equis, se refieren a la encrucijada de los caminos de la acción. Pretenden decirnos que llegar al destino está garantizado, que pase lo que pase, allí donde esté el símbolo habrá protección, seguridad, firmeza y dominio absoluto de todas las acciones.

Aunque la espada es símbolo de muerte, guerra y destrucción, es también un símbolo de cambio, de permutación, de movilidad. No debemos caer en el error de ver la espada tan solo como un arma, sino como la herramienta que nos permite impartir justicia, proyectar intenciones y pasar a la acción.

Espejo

Podría escribirse un libro entero hablando de espejos, ya que poseen aplicaciones en cábala, en alquimia, en magia, en adivinación, etc.

El espejo es el rostro de la verdad, por tanto, cuando vemos este símbolo se nos está pretendiendo comunicar la sinceridad, aquello que emana del corazón y de la conciencia, pero también lo que nace luego de la reflexión inteligente.

En muchas culturas de Oriente el espejo representa la unión conyugal y la armonía de la pareja, esto siempre y cuando no se trate de un espejo roto, que simboliza las infidelidades, los altercados y las separaciones.

Para los taoístas el espejo representa el alejamiento de las influencias maléficas. Tan arraigada está esta creencia que incluso en la actualidad suelen situarse en las puertas de entrada de las casas espejos octogonales que tienen como fin el frenar la entrada de todo tipo de mal.

Para los sufíes el universo es un conjunto de espejos que reflejan el auténtico rostro de Dios.

Por lo que se refiere a las artes adivinatorias, se cree que fueron los persas los que comenzaron a utilizar los espejos mágicos como oráculos, puesto que pensaban que el espejo era una puerta abierta a aquello que es invisible a los ojos del ser humano.

Flecha

Se trata de un símbolo vinculado con la línea. En este caso, dado que la flecha por sí misma carece de movilidad porque precisa del arco para ser lanzada, nos remite a los resultados que producen las intenciones y las acciones.

La flecha ascendente simboliza el pensamiento, el órgano creador que penetra y fecunda. También es una alegoría de la fuerza del rayo solar.

Si la flecha aparece en posición descendente representa las bajas pasiones, la reiteración de la existencia de lo terrenal a la vez que infernal, siendo también un signo de llamada hacia la interiorización.

Guadaña

Todos hemos vinculado este símbolo, que en realidad es una herramienta agrícola, con la muerte. Lo curioso es que no será hasta el siglo xv que comience a aparecer la guadaña entre las manos de un esqueleto representando a la muerte.

La guadaña es un elemento purificador dado que pretende hurgar la tierra y eliminar las malas hierbas. Es evidente que cuando se arrancan o sesgan los hierbajos se está dando muerte a un ser vivo. Sin embargo, dentro del concepto que implica la transmutación de las cosas, la guadaña nos dice que para alcanzar la evolución debemos forzosamente eliminar, renunciar o «matar» una parte de lo que somos.

Este símbolo nos permite atraer hacia nosotros los cambios armónicos. Para ello podemos trazar el símbolo de la guadaña, con su parte cortante hacia arriba, en la entrada de nuestra casa o templo. También podemos visualizar dicho símbolo en la misma posición, luego de reflexionar acerca de una actitud o comportamiento que descemos purificar.

Guante

Marca el aislamiento y protege las acciones, aunque en determinados casos puede representar la ocultación de las intenciones. Dado que las manos son el símbolo de la acción y ésta es la consecución de un pensamiento, el guante sirve para ocultar la auténtica esencia de aquello que se pretende.

El guante cubre la mano para poder comunicar lo que ésta va a transmitir. En este caso, el guante blanco nos indica que la acción será de índole espiritual y, por supuesto, pura, mientras que el negro se refiere a todo lo contrario.

Hacha

Aunque en numerosas ocasiones este símbolo se ha vinculado con el martillo de dos filos, como sucede con el mítico martillo del dios Thor, en realidad no debemos confundir una herramienta con otra. El hacha es un elemento cortante, capaz de disgregar, mientras que el martillo se configura como un objeto moldeador, ya que a través de su golpe se pretende dar forma a lo que se está creando.

El hacha, a la que se le atribuye una asociación con la guerra, en realidad sólo es un símbolo bélico para los amerindios, que mediante el hacha pretenden transmitir los deseos de lucha o ataque. Para el resto de las culturas, el hacha es aquello que tiene la capacidad de abrir la tierra y penetrar en ella con fuerza, y por ello es un elemento fertilizador.

Entre los dogón el hacha se asocia con el poder de los dioses del cielo, y más concretamente con el rayo y el trueno, esto es, con la energía destructora y maléfica.

Hoz

De nuevo, como sucede con la guadaña, se trata de un instrumento agrícola que tiene la misión de limpiar los campos efectuando un recorte que sugiere la purificación. La hoz, por su filo semicircular o de media luna, nos remite al círculo, al ciclo de las cosas, al principio y fin de toda acción.

Entre muchos chamanes y druidas la hoz es el cuchillo sagrado con el que cortar las hierbas que también son sagradas o especiales, ya que el semicírculo de su filo está asociado a la divinidad.

Lámpara

Aunque se trata de un elemento que para algunos investigadores y expertos en simbología está vinculado a la antorcha y la vela, lo cierto es que la lámpara posee una entidad propia. Por definición diremos que hace alusión a la luz, y con ella a la manifestación de la energía y la fuerza. Ahora bien, para comprender el signo en toda su magnitud debemos ver en qué lugar está representado y cuál es el diseño de la lámpara.

Cuando la lámpara se halla encerrada en un círculo o cuadrado, suele hacer alusión al hermetismo, representa la necesidad de preservar de la luz aquello que sólo unos pocos pueden comprender o utilizar.

Si la lámpara está presente frente a una puerta o incluso en la entrada de una cueva, refleja la ayuda que nos dará la luz para penetrar en un lugar oculto.

Cuando la lámpara aparece rodeada de sarcófagos o incluso colocada sobre un signo mortuorio, hace alusión a la necesidad de arrojar luz sobre las tinieblas y los mundos desconocidos. En este caso se convierte en el símbolo que guía a los muertos.

Llave

Está claro que un objeto como éste hace referencia obligada a aquella misión para la cual fue creada: apertura y cierre. Las llaves son pues el símbolo capaz de otorgar o negar, esto es, de abrir las puertas a otros planos, a la sabiduría y el conocimiento, pero también es el símbolo que impide el paso a todo ello, puesto que se encarga de cerrar y asegurar una entrada.

La dualidad del signo en cuestión acostumbra a poderse interpretar observando con atención la orientación de la llave: los dientes hacia arriba nos hablan de apertura. Al contrario, cuando están hacia abajo nos indican cierre.

Cuando las llaves están situadas adornando pectorales nos remiten al poder de lo espiritual. Nos hablan del conocimiento de lo oculto y de la capacidad de su portador para penetrar en los secretos que sólo unos pocos conocen.

Las llaves en los escudos de armas atestiguan posesión, poder y materialismo. El portador del escudo es también el señor o defensor del castillo como así lo refleja su llave.

Mandala

Ante todo, debemos saber que la palabra que alude a este símbolo significa literalmente círculo, a pesar de que no todos los mandalas son circulares puesto que los hay de muchísimas variaciones.

El mandala es una representación simbólica de la concepción del mundo, los dioses que lo pueblan y las potestades y poderes que éstos tienen en la cotidianidad. Por esto los mandalas, y más concretamente su diseño y coloración, varían en función del lugar en que nos encontremos y también de la cultura a la que pertenezcamos. Por norma general, aunque el mandala se asocia tradicionalmente a las disciplinas místicas orientales, también puede encontrarse en las culturas precolombinas así como en numerosos puntos de Europa.

El mandala hindú es una alegoría sobre la determinación y la fuerza de voluntad. Suele estar compuesto por un cuadrado que, a su vez, está subdividido en otros tantos cuadrados. Los más comunes presentan entre setenta y ochenta casillas o cuadrados ordenados por figuras y vinculados a los ciclos solares y lunares.

El mandala tántrico, que suele emplearse para la meditación, acostumbra a pintarse o dibujarse en el suelo y se trata de un cuadrado que tiene dibujada una puerta a cada lado, así como diferentes símbolos divinos.

Para el budismo el mandala representa, entre otras muchas cosas, el desapego. Tanto es así que, tras la creación del mundo que se representa en dicha figura, se medita sobre el mandala y luego éste es borrado, destruido o lanzado al mar según sea el caso. Este hecho genera la alegoría de que nada es para siempre, ni siquiera el mundo en el que vivimos.

En las tradiciones de las diferentes culturas europeas, vemos que los mandalas se configuran con las letras o símbolos del ogam y también con la combinación de las runas vikingas. Los dos sistemas de lenguaje mencionados, se supone, fueron alfabetos iniciáticos o secretos al tiempo que adivinatorios. La combinación de dichos símbolos se utilizaba para plasmar intenciones y canalizar la energía del espíritu.

Máscara

Es un símbolo de ocultación a la vez que de protección e interpretación. La máscara, en todas sus formas, pretende cambiar la entidad y, al hacerlo, genera la emanación de un poder simbólico sobre aquel que la porta o la usa.

Las primigenias máscaras eran de animales y pretendían transmitir la fuerza del ser al que representaban. En estos casos, el animal se convierte en una figura totémica, es decir, es un referente del poder de lo oculto que debe ser respetado, venerado y honrado según los rituales mágicos o creencias de cada cultura.

El uso de la máscara con forma animal intenta humanizar a la bestia, al tiempo que pretende convertir en animal al ser humano. Así, vemos que las iniciales máscaras buscaban, en realidad, la perfecta simbiosis entre la inteligencia y el raciocinio del hombre y todos aquellos poderes o fuerzas ocultas del animal.

Cuando la máscara es funeraria nos habla del cambio de estado, de la transmutación del alma y de la evolución del ser. Así vemos que, por una parte, se cubre el rostro del difunto con la máscara de un dios o animal sagrado para que en la otra vida esté en armonía con los poderes de dicha entidad. Pero también podemos observar que, en ocasiones, la máscara funeraria representa el rostro de aquel a quien cubre, en cuyo caso se pretende negar la muerte y simbolizar la apariencia eterna o la inmortalidad.

Otro de los usos de la máscara funeraria es fijar el alma errante en un punto de referencia que le resulte conocido. Para ello es necesario que no vuelva a entrar en el cuerpo, y la forma de conseguirlo es que el cadáver presente una máscara que advierta al alma de que siga su camino en la evolución espiritual.

La máscara se convierte en mágica cuando representa a los demonios o a los ángeles, entendiendo como tales a aquellas figuras arquetípicas o entidades que para una cultura determinada simbolizan el bien o el mal. En estos casos la magia reside en que cuando el operador, mago o sacerdote se coloca la máscara, asume toda la fuerza energética de aquello que representa.

Menhir

Éste es, sin lugar a dudas, uno de los objetos más utilizados en la prehistoria. El menhir no es más que una piedra vertical que acostumbra a estar clavada en el suelo. Por su forma física, lo fácil es atribuirle una relación directa con el falo masculino, pero si bien es cierto que podemos encontrar menhires que adoptan la forma de esa figura anatómica y que fueron esculpidos con todo lujo de detalles, en la mayoría de los casos no es así.

El menhir representa la línea recta, concretamente la vertical. Es, por tanto, un símbolo de unión entre el cielo y la tierra, entre los poderes de lo humano y lo divino. En determinadas culturas, el menhir se usó como «acupuntura megalítica». En este caso entenderemos que fueron clavados en aquellas zonas donde la tierra parecía emanar una energía telúrica especial. De esta forma, los menhires permitían la expansión y fluidez de la energía de la tierra en dirección a los cielos.

El menhir se convierte en símbolo funerario que representa la protección y la capacidad de la vida eterna cuando se clava junto a una tumba. Al tiempo, desde esta ubicación protege a los muertos.

En algunas zonas de la India Central, el menhir clavado junto a la tumba pretende fijar el lugar en el que deberá habitar el alma del muerto antes de volver a entrar en otro cuerpo.

Para los druidas celtas, el menhir, que podía ser móvil, es decir, una pequeña piedra fácil de manejar, se clavaba en el suelo de los bosques para delimitar espacios sagrados y marcar los lugares de poder.

Nudo

Se trata de un símbolo equivalente al lazo, puesto que, en definitiva, nos habla del cruce de caminos, de las vicisitudes, de los obstáculos que se encuentran en la evolución tanto de lo personal como de lo espiritual.

El nudo es una referencia a la reflexión de lo acontecido. Simboliza la necesidad de no pasar las cosas por alto, sino de meditarlas con calma analizando los problemas. Por otra parte, el nudo es también un vínculo que une o ata según sea el caso. Desde la perspectiva de lazo diremos que une con elegancia, es decir, simboliza la unificación de lo fraterno y cordial, de aquello que se acepta estableciendo un acuerdo. Por otro lado, el nudo establece un vínculo pero más burdo, no une sino que ata y, por tanto, obliga o sentencia.

El símbolo del nudo se emplea en meditación como unificador y asegurador. Es muy útil visualizar un nudo cada vez que queremos reafirmar una idea o concepto.

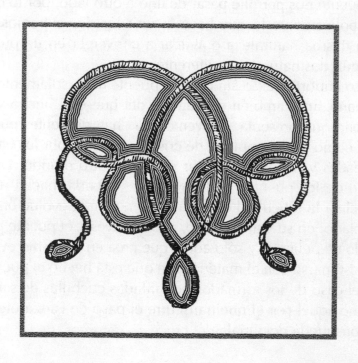

Pozo

En casi todas las tradiciones y culturas el pozo se convierte en un elemento u objeto de lo sagrado, seguramente porque representa el receptáculo que contiene la vida que es el agua. Yendo más allá, el pozo es también una puerta abierta al interior de la tierra, por eso en muchas culturas el pozo es la entrada a los infiernos y su fondo inaccesible se vincula con lo prohibido y también con la muerte, pese a que paradójicamente contiene el agua que da la vida.

El pozo simbolizaba para los antiguos hebreos el receptáculo de la abundancia, ya que para ellos el agua que mana o circula (como la de las fuentes o los ríos) estaba considerada como una excepción milagrosa, como un regalo de Dios.

Puente

Este es otro de los símbolos extendidos mundialmente. El puente nos permite pasar de uno a otro lado, por lo que simbólicamente lo que hace es unir los dos extremos de una misma naturaleza o ayudar a converger en un punto común dos naturalezas diferentes.

Lo importante del símbolo de puente no es solamente su tamaño sino también el material del que está hecho y el diseño que presenta. Así vemos que hay diferentes puentes, como por ejemplo el de cristal, utilizado por los elfos, duendes y hadas para pasar de uno a otro mundo. En el caso de los puentes sable o puentes espada, hacen referencia a la dificultad que siempre implica la evolución: el iniciado, en su viaje místico, debe atravesar el puente plagado de peligros, y sólo aquel que crea en sí mismo evitará lastimarse con el material con que está hecho el puente. Es el caso de los formados por afiladas cuchillas de sable, como aquel por el que transcurre el paso de Lanzarote en su búsqueda del Grial.

Son muy abundantes los llamados «puentes del diablo», en los que, supuestamente, el señor del mal intervino para su construcción o se halla esperando el paso de los caminantes. Este símbolo reitera que el puente es un tránsito, un pasaje de nuestra vida en el que podemos perder el alma a causa de nuestros errores o alcanzar la eternidad gracias a las buenas acciones.

Un puente simbólico a resaltar es aquel que se cita en el Islam, el puente de Sirat, que permite acceder directamente al paraíso pasando sin peligro por encima del infierno. La leyenda cuenta que dicho puente es fino como un cabello y cortante como el filo de un cuchillo, por tanto, sólo los escogidos pueden atravesarlo y el resto perece en el intento.

Puerta

Como hemos comprobado, son muchos los símbolos que aluden a la existencia de puertas, elementos éstos que, en definitiva, siempre son accesos a lugares mágicos, prohibidos o portadores de grandes dichas. El símbolo de la puerta siempre es una invitación al descubrimiento. Tanto si está cerrada como ligeramente abierta o abierta de par en par, nos incita a traspasar el umbral de lo desconocido. Por tanto, la puerta es aquello que unifica lo tangible con lo insustancial.

Las puertas siempre son símbolos místicos pero también mágicos, ya que sólo quien esté verdaderamente preparado sabrá cómo abrirla. En ocasiones la puerta carece de cerradura. Es una puerta que sólo podrá ser abierta mediante invocaciones, a través del tacto o intentando traspasarla de un salto. En el caso de las puertas que se atraviesan, la simbología se refiere a ellas como puertas del espíritu, ya que pareciendo ser materiales o físicas, en realidad no son más que fruto de la imaginación.

Cuando el símbolo de la puerta se presenta bajo o sobre una llave, nos habla del esfuerzo, del trabajo y de los engaños. Se nos dice que sólo la acción correcta que nos lleve a utilizar adecuadamente la llave será la que nos permita traspasar al otro lado.

Cuando la puerta está guardada o adornada por centinelas, el símbolo alude a la iniciación. Los guardianes de la puerta son, en realidad, las pruebas del destino por las que tendrá que pasar el iniciado o mago para alcanzar los poderes del más allá.

La puerta se utiliza como símbolo de visualización para obtener de ella nuevas ideas e inspiraciones. El método de trabajo mágico, en este caso, consiste en visualizar una puerta cerrada, al tiempo que se reflexiona sobre aquello que se busca lograr. Acto seguido, se debe dejar que el signo evolucione por sí mismo y, en caso de que la puerta finalmente se abra, debemos ver si tras ella hay algún elemento que nos inspire o dé la respuesta a aquello que nos estamos preguntando.

Sarcófago

Parece evidente que estamos ante un símbolo vinculado con la muerte, pero lo cierto es que no solamente habla de muerte el sarcófago. De entrada, estamos ante un símbolo de la tierra que es equiparable a la copa e incluso al caldero, ya que simboliza el receptáculo de la vida, la gestación de la permutación de las cosas y, por tanto, un tipo de fertilidad.

Metafóricamente hablando, el sarcófago es como el huevo de los alquimistas, un microcosmos en el que fluye la vida a partir de la nada o, en este caso, a través de la muerte. Es evidente que en el sarcófago reposarán los restos del difunto. Pero tal y como ya decían los egipcios, o incluso como apuntaban los griegos, el sarcófago es un lugar de tránsito, una cuna para la nueva vida, un recinto en el que el finado podrá reunirse con otras almas y seres de lo invisible antes de emprender su definitivo viaje al más allá.

Es interesante la visualización de un sarcófago en cuyo interior se situará el meditador para lograr la purificación o muerte de aquello que ya no sirve. En este caso, uno de los ejercicios de toma de conciencia de la vida y de desapego de lo mundano, practicado tanto por chamanes como por druidas, consiste en visualizar desde el interior de un sarcófago la propia muerte, experimentándola como un simple tránsito no sólo hacia otra vida, sino también hacia otras formas de vivirla.

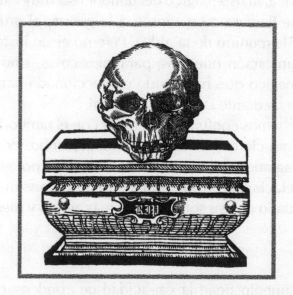

Tambor

Asociado al sonido de los dioses, al ruido de la expansión de la vida en el universo y al ritmo del corazón, el tambor representa también la eternidad; así vemos que es un atributo divino. Para los chamanes, permite contactar con los dioses. En la tradición búdica el sonido del tambor se asocia al sonido de lo primordial, del inicio de la vida. Y en la china antigua el redoble del tambor, que se vincula con el trueno, es una llamada a la lluvia.

La presencia de un tambor entre los lapones es un símbolo del poder de la adivinación, de la capacidad que tiene el poseedor del instrumento para alcanzar el éxtasis y descubrir lo que está velado al resto de los mortales.

Entre los mayas, el símbolo de percusión que nos ocupa estaba asociado con el trueno y con la muerte, y el toque de tambor podía servir tanto para llamar como para alejar la visita y el poder de la parca.

En África, el uso mágico del tambor está muy extendido. Con él se llamará a los dioses, a la guerra, al orden, a la caza y a la reunión de la aldea. Pero no es un instrumento de comunicación que sirva para tales cosas, sino un elemento mágico que habrá sido confeccionado para un fin concreto mediante ceremonia y ritual.

No debemos confundir el tambor con el tamboril. El primero se asocia con el sonido de lo profundo, de aquello que es sagrado e interiorizante. El segundo, por el contrario, se relaciona con los sonidos de la expansión y de la alegría, dado que su son suele ser más agudo y menos profundo.

Tótem

Este símbolo tiene la capacidad de condensar en él a muchos otros. De hecho, casi todo puede terminar por convertirse en un tótem. La palabra tótem quiere decir guardián personal y puede serlo tanto una representación animal, como una humanoide o abstracta.

El tótem es una señal de identidad, un elemento que vincula y aglutina en torno a él a quienes pertenecen a la misma familia, clan o creencia.

No consideramos oportuno entrar en variedades simbólicas de este signo ya que su configuración dependerá de la creencia a la que esté adscrito. Sin embargo, sí debemos hacer un matiz y es que no necesariamente aquella figura que sea considerada como totémica debe ser entendida siempre como un signo religioso.

Vara y varita

Como ya hemos hecho referencia en el símbolo del báculo, tanto la vara como, por extensión, la varita, son dos figuras de poder y dos herramientas indispensables en el culto mágico. En general, mientras que una, la vara, representa la vinculación del mago con lo material (en este caso con los elementos tierra y fuego), la varita manifiesta la asociación que el operador en artes mágicas tiene con el plano de lo espiritual, a través de los elementos agua y aire.

La tradición oculta asegura que la vara, como la varita, debe ser de madera noble, es decir, de aquellos árboles que han sido considerados sagrados como el roble, el avellano, la palmera, etc. La medida de la vara debe ser equiparable a la distancia que hay en el cuerpo del mago desde el centro de su plexo solar hasta el suelo.

La gran mayoría de las varas han tenido poderes presuntamente mágicos e incluso divinos. Recordemos la vara de Moisés que con un solo golpe fue capaz de separar las aguas del mar Rojo. Resulta significativo este símbolo ya que, teóricamente, una vara no tiene potestad sobre las aguas como sucede con la varita. En este caso, la vara de Moisés simbolizaba el poder y la voluntad de Dios.

La vara que representó la magia por excelencia es aquella que usaba el druida Sencha, quien, como cuentan las Crónicas de los Héroes del Ulster, a un sólo movimiento era capaz de dejar en silencio y temporalmente mudos a quienes le rodeaban.

La tradición mágica nos indica que la varita debe tener una medida equiparable a la que tiene el mago desde su plexo solar a la punta del dedo corazón estando el brazo extendido. Dicha varita, desde un punto de vista simbólico, deberá complementarse con aquellos símbolos y figuras que para el mago tengan un poder arcano. En ocasiones, el operador mágico incluirá también aquellos anagramas que hagan mención de su nombre de poder.

Cuando la varita adquiere forma de lanza, es decir, que su punta está afilada, simboliza la penetración directa en los poderes ocultos. En este caso, el operador quiere manifestar con su varita que no necesita autorizaciones para ejercer sus prácticas.

Cuando la varita adopta la figura de un animal y tiene cuerpo de serpiente o en su punta apreciamos desde la cabeza de un carnero hasta la de un águila o dragón, el símbolo se está complementando a sí mismo con el poder que le da la inclusión de un segundo elemento.

Vela

La portadora del fuego que es la vela nos remite al poder de la llama de la hoguera, de la antorcha y, por supuesto, a la brasa o incandescencia. La vela también puede asociarse con el símbolo de la lámpara. En definitiva, nos habla de la capacidad de conducir y dar vida al fuego, y con él a la energía que todo lo transforma.

La vela encendida se refiere al poder de lo manifestado, de aquello que está vivo.

Cuando la vela no tiene llama y observamos que el símbolo presenta una mecha sin prender, es una llamada de invitación a la reflexión antes de pasar a la acción.

Capítulo V

EL SIMBOLISMO ANIMAL
Y OTRAS CRIATURAS

Como hemos visto en otros apartados, el ser humano siempre ha idealizado en los animales numerosísimas condiciones que él, por su propia naturaleza, no tenía. Las bestias, más allá de ser un elemento de alimentación a través de su carne, de protección a través de sus pieles y de ornamentación y magia a través de sus cuernos, uñas, etc., se han convertido tanto en aliadas de los humanos como en sus enemigas.

El hombre ha logrado domesticar a unos pocos animales de la inmensa totalidad de los que existen. Por lo general, aquellos que le resultan fieles o que cree tener dominados suelen representar, salvo algunas excepciones, principios armónicos y símbolos positivos. En cambios, aquellos a los que no ha logrado domesticar o le han resultado inalcanzables, por los motivos que sean, han sido vinculados a hechos portentosos y divinos o incluso negativos.

La simbología de los animales es rica en matices y formas. Muchas veces es una cuestión cultural, y el animal que en una latitud resulta sumamente poderoso y benéfico, en otro lugar está considerado como intrascendente, pero siempre, en todas partes, los animales son puntos de referencia simbólica. La mayor parte de las veces el símbolo que nos traducen tiene que ver con aquella condición innata del animal que es considerada como especial por el hombre. Así, el gorila se torna en fuerte y seguro en África, como lo es el oso en otros lugares; el águila en una potente visionadora de las realidades gracias a su capacidad de vuelo; el cóndor en el ave que surca los cielos para hablar con los dioses, etc.

Los animales reflejados en este capítulo son, a grandes rasgos, los más representativos de la iconografía mundial en lo que a símbolos se refiere. Pero, como verá el lector, hemos incluido también a «otras criaturas», que en este caso no son animales reales y tangibles, sino mitológicas o mezcla de hombre y animal. A veces son incluso grotescas, pero no olvidemos algo muy importante: todas forman parte de la iconografía y de la historia de la humanidad, de sus creencias, mitos y miedos, aunque también de esperanzas.

Abeja

Representa el ritmo y la constancia en el trabajo, la fuerza de voluntad, la amistad y el compañerismo, pero también la jerarquía. Se trata de un símbolo que suele hacer alusión a los logros de lo realizado y que pretende exponer que la trascendencia también pasa por no olvidar el sentido material de las cosas.

Águila

Simboliza la libertad, pero también el poder y la majestuosidad. Es un símbolo que alude a las ideas, la inspiración y las revelaciones que los dioses hacen mediante este animal a los humanos.

Como símbolo totémico, el águila es capaz de volar hacia el sol, mirarlo de cara y absorber de él su poder. Dicha interpretación nos sugiere la vinculación con lo divino que puede llegar a tener este rapaz y nos certifica que es un símbolo solar de fuerza.

Tanto en el chamanismo siberiano como en el americano, el águila es la criatura preferida por el chamán, quien se convierte en ella para volar a los reinos de lo prohibido y obtener desde ellos la curación de sus pacientes. En el caso concreto de Siberia, el símbolo del águila es extremadamente sagrado, ya que se considera que la reina de las aves es el padre de los chamanes.

Desde un punto de vista religioso, vemos que en la tradición bíblica se alude al águila, y se establece una comparativa entre ella y los ángeles que, recordemos, son según la religión cristiana los mensajeros o enviados de Dios. Por su parte, en las tradiciones preislámicas, tanto el águila como el halcón, que a menudo se confunden, simbolizan la fuerza de los dioses y la victoria en cualquier guerra posible.

Araña

La iconografía nos habla de estos laboriosos seres como el símbolo por excelencia de la constancia, el desapego y, por supuesto, el trabajo.

En el caso que nos ocupa debemos distinguir entre araña y tela de araña. El arácnido, que en algunas culturas lejos de representar la abnegación de lo laboral manifiesta la personificación del mal, simboliza las tretas de lo oculto y es, por tanto, un símbolo de traición. En otras latitudes la araña es simple y llanamente el aliado oculto que en cualquier momento puede aparecer para mejorar nuestra vida.

Por lo que se refiere a la tela de la araña, fruto de su trabajo, debemos ver en ella las figuras geométricas del círculo y la espiral; por tanto, asociaremos dicha tela con aquellos símbolos. El hilo casi transparente de la araña representa la conexión sutil con aquello que no es tangible a primera vista.

Ballena

Para los chamanes y magos esquimales, la ballena es ante todo la fuente de la vida y la señora de lo misterioso y profundo. La ballena es como una gran madre, un ser capaz de alimentar a la aldea, de protegerla, pero también de acabar con ella. Es un ser temido, respetado y, por tanto, venerado.

El símbolo en sí nos remite a una criatura monstruosa, sobrenatural, en cuyo interior se encuentran la oscuridad y lo tenebroso, al tiempo que la posibilidad del cambio y la vida eterna. En el mito de Jonás vemos que es engullido por la ballena, después vive en su interior y simbólicamente renace de ella.

Buey y búfalo

Es interesante hablar de estos dos animales que aparecen representados en muchísimas cuevas rupestres como criaturas poderosas y mágicas a la vez que alimenticias, como sucede con otros de familias similares como el bisonte o el toro.

Entre el buey y el búfalo hay algunos puntos en común, pero manifiestan dos naturalezas antagónicas. El buey es pacífico, sosegado y representa la abnegación y la bondad. Por su parte el búfalo es salvaje, agreste, duro en formas y en comportamientos, y simboliza el poder y la fuerza.

El buey es un símbolo de espiritualidad, tanto es así que está representado en muchísimos mitos y tradiciones religiosas donde lo vemos tirando de carros cuyo contenido es sagrado, como el muérdago que ha recogido el druida del árbol, la virgen que es llevada a un sacrificio ceremonial, etc. En cambio, el búfalo puede representar desde la muerte hasta la lucha y el sacrificio. De hecho, vemos que entre muchas tribus amerindias, tras la caza del animal sagrado que representa el búfalo, le es arrancado el corazón como signo de su vitalidad y poder.

Búho

Aunque se suele decir que al ser un ave nocturna representa tristeza, soledad y melancolía, lo cierto es que el búho es tenido en cuenta como referente de la realidad, la videncia y la luz. Tanto es así que lo vemos, por ejemplo, en la mitología griega, como el vidente capaz de interpretar el destino. En la antigua China es el ave que tanto puede representar los papeles de la muerte como simbolizar la llamada mística.

En casi todas las tradiciones el búho es visto como una criatura que llama al misterio, por ello se considera que puede ser el mensajero de la muerte, ya que tiene capacidad para ver más allá de lo tangible.

Buitre

Al ser un animal carroñero, está considerado como un símbolo de purificación de la muerte, capaz de convertir o transformar aquello que está descompuesto y carece de fuerza vital en algo nuevo, generador de vida y dotado de energía.

En muchas culturas se ve al buitre como el enviado de los dioses capaz de liberar al alma de la prisión que es el cuerpo.

Caballo

Este símbolo representa la energía, la evolución y la sexualidad, especialmente cuando el caballo se convierte en unicornio. Ya que su cuerno se asocia con el órgano sexual masculino, es considerado un poderoso afrodisíaco. Además, recordemos que el citado animal mitológico sólo puede ser cazado por una doncella virgen que lo acunará en su regazo, con bellos cantos y que, según la leyenda, cuando el unicornio duerma, procederá a arrebatarle el mágico atributo astado.

Dado que el caballo es un animal vinculado al ser humano, tanto para la montura como para el tiro, se asocia al destino, al camino recorrido, a la evolución de las acciones. El caballo usado como montura representa el instinto de las acciones y la actividad; en cambio, el de tiro sugiere la importancia que tienen la experiencia y el bagaje para evolucionar en la vida.

Camello

Se trata de un símbolo que alude a la sobriedad, la distinción y la templanza. Más allá del carácter árido, natural del animal, está considerado como una criatura familiar al tiempo que voluntariosa. Dado que se trata de una montura que, por lo general, se usará para atravesar el desierto, debemos verlo como el vehículo capaz de ayudarnos a salvar las adversidades o incluso como el medio por el cual lo extremadamente complejo puede tornarse más liviano.

Centauro

Se trata de un ser humanoide a la vez que monstruoso que procede de la mitología griega. La criatura posee la cabeza, el busto y los brazos humanos, mientras el resto del cuerpo, incluidas las patas, son de un caballo. Su simbología nos habla de las bajas pasiones, de la necesidad que tiene el hombre de equilibrar su vida y evolución pues, de lo contrario, corre el riesgo de convertirse en bestia.

Más allá de la mitología griega, cambiando de continente vemos que entre algunas tribus amerindias se hace mención a los «hombres caballo». En realidad, se supone que dicho símbolo alude a determinados chamanes que tenían la capacidad de adoptar el arquetipo y la esencia de los caballos luego de un estado de trance. La transformación del chamán en dicha criatura tenía por objetivo que el curandero pudiera viajar a las praderas y montañas vedadas a los hombres comunes para hablar allí con los espíritus familiares de los enfermos y obtener una curación.

de devorar las almas de aquellos que no han alcanzado la elevación espiritual adecuada.

El símbolo de este animal ha sido utilizado como elemento de la purificación en numerosas sesiones de meditación y contemplación. Uno de los sistemas de trabajo con la imagen del reptil consiste en visualizarlo comiendo aquellos aspectos impuros de la personalidad.

Cóndor

Es uno de los animales sagrados en las culturas precolombinas, representa la fuerza de la creación, la energía del sol. Por su parte, en el chamanismo el cóndor puede ser equiparable al águila, ya que cuando el chamán se transforma en el ave que nos ocupa tiene la capacidad de sobrevolar sobre todos los problemas y descubrir absolutamente todos los secretos del mundo.

Cuervo

Aunque está considerado como un pájaro de mal augurio, lo cierto es que fue usado como portador de secretos y noticias por las culturas célticas. Pese a ello, en la mayor parte de Europa, dado que su grito suele ser lúgubre y que puede alimentarse de carroña, se considera que está asociado con el reino de los difuntos. Una concepción parecida la vemos en India, donde el símbolo del cuervo hace alusión a la muerte y, de hecho, su presencia puede ser interpretada como un presagio de ésta. En cambio, en China, dado que el cuervo cuida de sus congéneres, es interpretado como un animal familiar y bondadoso.

Delfín

Es un símbolo de regeneración, de la fuerza acuática, del valor ante lo desconocido y de la energía de las ideas correctamente canalizadas.

En ocasiones es posible ver el símbolo de dicho animal que está siendo cabalgado por un ser humano; en este caso el delfín se convierte en el que conduce al futuro difunto hacia el lugar donde habitan los muertos.

Elefante

Aunque se trata del símbolo de la pesadez y la torpeza por excelencia, lo cierto es que también se asocia con la distinción. Por poner un ejemplo, vemos que el elefante es también el portador de los reyes o una gran arma ofensiva.

A grandes rasgos, es en Asia donde el elefante goza de una mejor prensa. Así el elefante blanco simboliza la abundancia, la lluvia, y con ella las cosechas y todo tipo de riqueza. Por otro lado, es el símbolo asociado a Ganesa, el dios del conocimiento de lo profundo, de la sabiduría y la reflexión.

Enano/gnomo

Se trata de un genio de la tierra que representa el poder más material y aguerrido del mundo espiritual fantástico. Está asociado con las cavernas y las grutas, es decir, con la concepción y contemplación del mundo interior, de aquello que no siempre se quiere reconocer y que se pretende esconder a la vista de los demás. Pese a ello, el arquetipo de los enanos nos dice que son seres muy parlanchines y que casi siempre se expresan con parábolas o enigmas. Este hecho alude simbólicamente a que la expresión de lo sincero, en ocasiones, debe disfrazarse con adornos que dulcifiquen la realidad, en ocasiones dura.

Escarabajo

Conocido en Occidente como signo de la inmundicia, la destrucción y la negatividad, dada su vinculación cotidiana con lo sucio, el escarabajo se torna en la cultura oriental en un símbolo solar, es decir, de resurrección, fuerza y vivacidad. De hecho, si observamos la iconografía, vemos que el escarabajo es el portador del sol a quien conduce entre sus patas.

El escarabajo también representa el poder de las acciones, sin duda porque es capaz —en el caso del pelotero— de convertir unos granitos de arena en una gran bola, que simbólicamente es el huevo cósmico o del mundo de donde nacerán todas las cosas que germinarán en su interior.

Escorpión

Ésta es otra de las criaturas que por tradición se vincula con lo nefasto, quizá sea porque el escorpión es capaz de autodestruirse, clavándose su propio aguijón, si se ve atrapado y sin salida. Se asocia con la mala suerte, con los errores cometidos y con la autodestrucción que puede producir la ausencia de la reflexión.

Para los mayas el escorpión era el dios de la caza y se recurría a su símbolo para poder obtener buenas piezas. Era también un signo curativo ya que se asociaba a la práctica de las sangrías.

Fénix

Ésta es una curiosa ave mitológica que presuntamente, y según Plutarco, es de origen etíope. La peculiaridad del fénix es que cuando intuye que está llegando el momento de su muerte se construye un nido que acaba por combustionar gracias al calor que desprende el ave, la cual muere en la hoguera y, posteriormente, es capaz de renacer de entre sus propias cenizas.

El símbolo al que hace alusión el fénix está bien claro: la muerte y la resurrección, el ciclo de la vida. La capacidad que todo ser tiene para comenzar de cero, incluso cuando cree que ya no hay más pasos que dar o que el fracaso es su única realidad.

Gallo

Es un símbolo que modernamente nos remite al orgullo y la fuerza, a la energía de la seguridad. Desde un punto de vista clásico el gallo representa al sol, ya que se asocia con él al ser quien anuncia su próxima presencia. Dado que es la criatura que presagia la llegada del sol, se le tiene en cuenta como favorecedor de la suerte y como ahuyentador de los malos tiempos y del infortunio.

En algunas tradiciones del centro y norte de Europa vemos que el gallo está relacionado con el valor ya que dicha ave rompe el silencio de la noche y sin temer a la oscuridad anuncia un nuevo día. Es pues un alejador de la tiniebla y de la oscuridad.

Gato

De nuevo estamos ante uno de los animales que tantas veces se han vinculado con las tinieblas, con el mal y con la noche. Por supuesto, es uno de los animales que en Europa estuvo indisolublemente relacionado con las brujas, como también sucedió con el cuervo y la lechuza o el búho, según sea el caso.

El gato es la mística pura convertida en animal. Tanto su porte como su misteriosa mirada han relacionado al felino con las artes mágicas, la espiritualidad e incluso con la videncia y el don de la profecía.

Los gatos en Japón no sólo se relacionan con las artes nigrománticas, sino también con el mal y la mala suerte, con los malos augurios. No importa el color que tengan, por norma general todos los gatos son vistos como portadores de la desdicha. Una leyenda asegura que son capaces de matar a una mujer, atrapar su alma y transformarse en una bella fémina para así engendrar y dar a luz al mal.

Como contrapunto de la tradición japonesa citaremos al gato egipcio, venerado en la antigüedad bajo la forma de la diosa Bastet como bienhechora y protectora frente a todos los males que pudieran afectar al ser humano.

Gigante

En todas las culturas, de una u otra forma, se nos habla de seres descomunales, a veces fieros con los hombres y en ocasiones armoniosos. En sí, el simbolismo más aceptado de los gigantes es que representan el poder de la bestialidad de la tierra, capaz de convertirse en una armoniosa madre protectora de la vida, pero a la vez guerrera y hasta cruel con sus hijos cuando éstos se han apartado del camino adecuado.

Los gigantes pueden ser tanto los hijos de las mujeres y los ángeles, como seres que nacen en las entrañas de la tierra, en las ciénagas o bajo las raíces de un árbol. Más allá de la pura leyenda mitológica, casi siempre representan la fuerza de lo inconmensurable, el poder de la acción a cualquier precio, la transmutación de la energía de lo sutil en energía guerrera y destructora.

Grifo

Esta criatura suele aparecer con frecuencia en los símbolos medievales en clara alusión al poder y a la fuerza de todas las energías conocidas y desconocidas. El grifo es un ave que tiene pico y alas de águila y cuerpo de león, por tanto, debemos ver en él la simbiosis de los dos animales. De esta forma, posee la fuerza y valentía del águila, y su capacidad de sobrevolar los obstáculos para ir más allá de lo establecido; y, por otra parte, tiene la energía del león. En este caso que se trata de dos animales cazadores por naturaleza, el grifo nos habla de la acción. Ello ocurre porque, mientras que el león podría asociarse a los elementos fuego y tierra, el águila debe vincularse al aire y al agua, es decir, a dos de los elementos más volátiles. Dado que el grifo posee las cualidades de los dos animales mencionados, es también una representación de los cuatro elementos.

El león-águila que es el grifo suele asociarse con la magia y con los poderes de lo oculto. En Persia, por ejemplo, se decía del grifo que era el emblema de la ciencia de los magos. Por su parte, en la simbología griega el grifo es un gran vigilante de los tesoros ya que tiene el poder de la intuición y la videncia muy desarrollado.

Halcón

Ésta es otra de las aves poderosas reverenciadas en casi todo el mundo. Es un símbolo de osadía, fuerza, inteligencia y sagacidad. Para los antiguos egipcios el halcón era el príncipe de los pájaros y simbolizaba lo celestial; entre los incas era uno de los ángeles guardianes más fieles del dios sol. Finalmente, en la tradición céltica, el halcón aparece como uno de los grandes conocedores de los secretos de los antepasados ya que está en perpetua vinculación con los espíritus, los dioses y los héroes.

Hipopótamo

Se trata de una criatura poco afortunada, al menos desde el punto de vista de la simbología, ya que se dice de él que representa las más bajas pasiones de los seres humanos. De esta forma se le interpreta como traidor, egoísta y, al tiempo, embaucador.

Desde un prisma más positivo, el hipopótamo ha representado también un signo de abundancia y prosperidad, tanto es así que es recomendable meditar y visualizar la figura de dicho animal siempre que se pretenda canalizar la energía en dirección a obtener beneficios económicos.

Hormiga

Simboliza la capacidad del sacrificio en el trabajo, representa también la alianza, el don de mando y la jerarquía. En el budismo tibetano la hormiga se contempla como un ejemplo de lo que es el sometimiento a lo material. En cambio, en la tradición judaica la hormiga es vista como un ejemplo de virtud, honestidad y buen proceder. Por su parte, en la tradición celta, la hormiga manifiesta la humildad y casi uno de los últimos escalafones de la vida, hasta el punto que se dice de este insecto que sólo merece el desprecio.

Jabalí

Para las culturas de tradición indoeuropea, este pariente del cerdo representa la elevación y el retiro espiritual. Así vemos que tanto el braman como el druida llaman al espíritu del jabalí en sus retiros solitarios que tienen por objeto la meditación o la plegaria.

El animal que nos ocupa representa la temeridad, la fiereza, y se convierte en guardián de aquello que se consi-

dera sagrado. Sus valores de fuerza y poder lo han convertido en un emblema militar debido a que aquello que vigila el jabalí no será profanado ni robado. Curiosamente, en la tradición cristiana el jabalí simboliza al demonio por ser impetuoso, fogoso e irascible.

Jaguar

Este es uno de los emblemas principales de la América precolombina. Así vemos que los mayas pensaban que cuatro jaguares eran los que guiaban los cuatro caminos del mundo, consideraban también que eran los guardianes de los campos de maíz y, al tiempo, que estaban dotados de poderes mágicos que obtenían gracias a las diferentes fases de la luna.

El jaguar representa una divinidad solar, pero en este caso no es diurno sino nocturno, y viene a simbolizar la presencia del sol aún cuando no se ve. El jaguar es, para el chamanismo precolombino, la fuerza de la acción, la energía, la victoria en la batalla. En definitiva, tanto el cuerpo como la cabeza y las garras del animal se consideran objetos mágicos, tanto es así que alguno de estos elementos puede formar parte del traje ceremonial del chamán.

León

Como ya hemos comentado en el símbolo del grifo, tanto el león como el águila poseen cierta similitud, puesto que ambos representan el poder, la soberanía, el sol y la energía. Simbólicamente el león es la justicia, en este caso una justicia que no siempre es reflexiva y meditada, sino que puede ser aguerrida e impetuosa.

El popular felino es una de las alegorías que aparece con frecuencia tanto en la iconografía hindú como en la cristina y la islámica. En la primera representa la manifestación del verbo, es decir, el león es el que pronuncia las palabras más profundas de los dioses. En el islamismo, el animal que nos ocupa se vincula con Alí, que recordemos es el yerno de Mahoma; de esta manera Alí se convierte en el león de Alá. En el cristianismo vemos que el león aparece en el Apocalipsis rodeando el trono celestial. Y también, si leemos a Ezequiel, observaremos que el carro de Yahvé es tirado por cuatro animales, uno de los cuales está representado con un rostro de león.

Lobo

Nos encontramos ante un símbolo que es, ante todo, la representación, por una parte, de la soledad y, por otra, de los pactos secretos. Manifiesta fiereza, salvajismo, desenfreno y, pese a que muchas veces las lobas aparecen como grande madres (recordemos el caso de los fundadores de Roma, Rómulo y Remo), en general, el lobo se vincula siempre con la destrucción o los peligros de la muerte.

Desde el punto de vista creador, para los mongoles el lobo era el ancestro de Gengis Khan. Entre los siberianos, este cánido representa el poder de la creación lograda a través de la perseverancia y la astucia. En cambio, el lobo en la tradición árabe implica un obstáculo con todo aquello que tenga que ver con la elaboración de una correcta espiritualidad.

En la mitología grecolatina y preeuropea, la boca del lobo es la entrada a los infiernos, sus ojos representan la visión de lo prohibido, su cuerpo es una alegoría de las tierras donde permanentemente vive el mal.

Oca

En la actualidad es un símbolo de fidelidad, de armonía y de confianza entre aquellos que viven o trabajan juntos. Sin embargo, en la antigüedad, tanto en Egipto como en China, representaban el poder de lo individual, el sol, y se creía que eran las mensajeras de los dioses. Por ejemplo, en la Roma imperial, las ocas que vivían alrededor del templo de Juno tenían la misión de presagiar y anunciar acontecimientos, tanto positivos como negativos. En la tradición celta, concretamente entre los bretones, la oca era el mensajero del otro mundo y podía transmitir los deseos de los antepasados.

Ondina

Es un símbolo femenino que nos habla de criaturas acuáticas, que en diferentes culturas se les denomina también como damas o hadas de agua. Suelen estar vinculadas a lo negativo porque, viviendo en brumas, pantanos y bosques cenagosos, ofrecen su ayuda a los viajeros pero finalmente los confunden y terminan por ahogarlos. Este símbolo está asociado con la confusión de las ideas, los espejismos y engaños así como la malicia, el cinismo y las tramas ocultas.

Oso

Es un emblema de muerte y guerra que hace referencia al poder de la soberanía, al ímpetu, a la capacidad de lucha.

Para el chamanismo, tanto el siberiano como el del norte de América, el oso, además de la fuerza y el poder, está relacionado con la magia de la cueva y la montaña. Se cree que en estos lugares de retiro el plantígrado absorbe la energía mágica de la tierra que le permite después actuar fieramente. Entre los chamanes Giliak, la cabeza y las uñas del oso representan el paso de iniciación a la otra vida, y simbólicamente el futuro chamán debe rasgar su cuerpo con las garras del oso, que anteriormente habrá cazado, para liberar así a su espíritu y conseguir el poder de los dioses.

En Europa la interpretación que se ha hecho del oso no ha sido excepcionalmente positiva. Se ha dicho de él que representaba la oscuridad de las cavernas, el mal, la negrura del caos. En la mitología griega lo vemos acompañando a Artemis en sus rituales más crueles.

Hay un punto importante con respecto al oso, en este caso alquímico: el símbolo nos habla de la necesidad de superar diferentes fases iniciáticas antes de conseguir el éxito. Así, el oso representa la oscuridad de lo que no está controlado y es el emblema del salvajismo y, por tanto, de todo aquello que el alquimista debe purificar en su ser para poder lograr la piedra filosofal. Cuando el oso es endulzado con miel, ésta simboliza la dulcificación de los sentidos pero, al tiempo, nos remite al símbolo de la abeja y nos habla del trabajo y la abnegación, condiciones imprescindibles para domesticar al oso, es decir, para alcanzar niveles alquímicos superiores.

Pavo real

Se trata de un símbolo muy interesante para practicar con él la visualización. Por una parte marca la ostentación y la vanidad, pero por otra nos habla de la expansión del ser. Cuando el pavo real despliega su cola, se dice de él que miles de ojos reflejan sus instintos y, al tiempo, que es como el sol, puesto que expande sus rayos de energía y poder en todas las direcciones.

Desde el prisma de la visualización, este símbolo debe utilizarse cuando se desea lanzar sentimientos de seguridad y valía personal. Para ello es necesario imaginar en el centro de la mente la figura de un pavo real con la cola desplegada. Una vez que el símbolo ya está perfectamente fijado, debe procederse a eliminar el animal, pero no la cola, y a situar en el interior de ésta el rostro de la persona que precisa expansionar su energía.

Pez

Sin entrar en las múltiples variedades que existen de la especie, es evidente que el pez hace referencia siempre al agua, es decir, al nacimiento de las emociones, la combinación de éstas y la integración en nuestra vida. Dado que está vinculado al elemento acuoso, el pez nos habla del nacimiento de nuevas cosas e ideas y de la fertilidad en general. Pero, sobre todo, se refiere a la fertilidad de la sabiduría puesto que el agua se asocia con la mente y el espíritu más que con el cuerpo.

Quimera

Se trata de un monstruo mitológico que posee cabeza de león, cuerpo de cabra y cola de dragón. La simbología de este ser está muy clara: su cabeza felina indica que las ideas son voraces, mientras que el cuerpo de cabra nos conduce a la acción tranquila. Por último, la cola del dragón nos transmite la desconfianza.

Arquetípicamente la quimera es un símbolo de confusión que alude a la divergencia que hay entre lo que se piensa y lo que se hace, y al peligro que se corre al reaccionar mal ante aquello que ya se ha ejecutado. La cola del dragón representa la consecución de las acciones y, al ser escamosa y cortante, debemos desconfiar de ella ya que posiblemente tras la acción vendrá una traición o un comportamiento que no se corresponderá con lo pactado.

La manifestación de este símbolo nos dice ante todo que seamos prudentes con lo que pensemos y con lo que realicemos.

Rana

Este batracio, dado que experimenta diferentes cambios fisiológicos en su vida, suele vincularse con la metamorfosis, la muerte y la resurrección.

En Occidente, aunque representa el agua y la primavera, es también visto como un símbolo oculto asociado a las brujas. Ello se debe sin duda a la fácil confusión entre rana y sapo, que sería realmente el animal brujeril. En oriente, concretamente en Japón, se considera que la rana es un amuleto de la buena suerte y que trae la dicha, la vida y los tiempos primaverales en los que toda felicidad y abundancia serán posibles. Por otra parte, en la poesía védica vemos que se nos habla de las ranas como un símbolo de la tierra fecundada por las lluvias de primavera.

Sapo

Este es un símbolo de torpeza y fealdad relacionado con la magia y los hechizos. Recordemos que uno de los actos mágicos más populares es lograr la transformación de lo bestial en bello mediante el beso de un humano en la boca de un sapo.

En el antiguo Egipto el sapo estaba asociado a los muertos, tanto es así que se han encontrado algunos ejemplares momificados. Se consideraba que este batracio era uno de los atributos imprescindibles para un correcto tránsito hacia el más allá.

Serpiente

Pese a toda la complejidad que tiene este símbolo y, por supuesto, sin entrar en él desde el prisma de lo religioso, ya que nos apartaría en exceso del objetivo de este libro, diremos que la serpiente es un símbolo de la evolución y de la vida. También lo es del tránsito de las acciones y, en síntesis, está asociado geométricamente a la línea, la curva, el triángulo, la encrucijada y hasta con el símbolo del infinito.

Una correcta interpretación del símbolo pasará pues por verificar en qué posición se encuentra el animal. Así, si sólo vemos la cabeza e intuimos el cuerpo, nos habla de secretos, de tretas y tramas ocultas. Si se encuentra enroscada sobre sí misma formando una espiral, en realidad se está refiriendo a este símbolo, a la espiral, pero con un matiz: nos dice que desconfiemos del camino escogido y prestemos atención al recorrido que efectuamos por él.

Otro punto a considerar, si se analiza el símbolo de la serpiente, es cuando ésta representa un círculo y la vemos mordiendo su cola. En este caso, nos habla del principio y del fin de las acciones, del ciclo del nacimiento y la muerte. Por supuesto, se refiere también a la divinidad y a la capacidad que tiene ésta de dar y negar la vida.

Otro aspecto también relevante es cuando observamos el cuerpo de la serpiente formando ondulaciones en forma de zigzag. En este caso, las ondulaciones representarán las diferentes experiencias y caminos de la evolución que

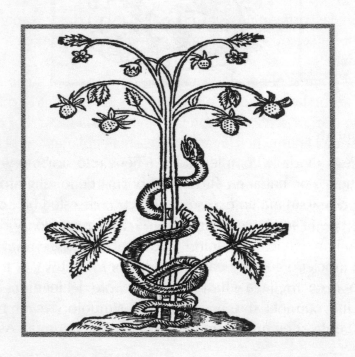

serán experimentadas en el terreno de lo material. Cuando la serpiente repta por el suelo, es decir, la vemos en posición horizontal, las interpretaciones serán relativas a las acciones realizadas en el mundo de lo material, tanto positivo como negativo, según sea el caso. Cuando la serpiente, en vertical, tiene su cabeza orientada en dirección al cielo o parece pretender introducirse en la tierra el símbolo nos remite a lo espiritual.

Sirena

Suele ser un signo evocativo que alude tanto al erotismo como a las bajas pasiones. En sí, la sirena está vinculada a la ondina, pero la diferencia estriba en que el símbolo que nos ocupa habita en mares o océanos, mientras que las otras lo hacen en ríos, lagos y pantanos.

Tortuga

En las principales cosmogonías esta criatura aparece como el ser que simboliza la estabilidad de la vida y del planeta.

La parte superior del caparazón de este reptil suele asociarse con la curvatura de la bóveda celeste, mientras que la parte inferior se vincula con la planicie de la tierra. Por ello, la tortuga en muchos lugares representa el planeta en el que vivimos. Por otra parte, tanto su longevidad como el lento caminar nos remiten al valor de la sabiduría, la profunda reflexión y el equilibrio que debe existir entre todas las cosas.

El símbolo de este animal indica la necesidad de la paciencia y es una llamada a la esperanza, pues nos dice que aunque el devenir de los acontecimientos sea lento y a veces imperceptible, éstos siempre se producen y, al final, siempre se llega a la meta. Contemplativamente hablando, es muy aconsejable visualizar y meditar con la imagen de una tortuga siempre que se desee hallar paz y serenidad.

Unicornio

Es un animal fabuloso, totalmente blanco, con cabeza y patas de caballo y un largo cuerno recto situado en medio de su frente. Es símbolo de potencia, pero también del fasto, la santidad y la castidad.

El unicornio es una imagen mitológica muy frecuente en el arte del medievo. En la iconografía cristiana se puede ver frecuentemente en cuadros y tapices la figura de la Virgen sentada con el unicornio arrodillado a su lado apoyando sobre su falda el preciosísimo cuerno. Con dicha imagen quiere representar la virginidad de la Virgen fecundada por el Espíritu Santo.

En la China antigua el unicornio era el emblema de la realeza, que veía concentradas en él todas las virtudes de su clase. También era considerado como un animal de buen augurio y servía de gran apoyo a la justicia real ya que, en los juicios, señalaba con su cuerno a los malhechores. No olvidemos que este mitológico animal tiene la facultad de descubrir todo lo pecaminoso, incorrecto e impuro.

En Extremo Oriente existe la creencia de que el unicornio establece una lucha contra el sol, astro responsable de las sequías, y es por eso que suele calificarse al animal como «el señor de la lluvia».

Espiritualmente hablando, el cuerno del unicornio representa la revelación y la penetración divina, la espada de Dios, la fecundación mística, la salvaguarda de la virginidad con el amenazante cuerno único alzado hacia el cielo.

Urraca

Este animal, perteneciente a la familia de los córvidos, fácilmente domesticable y vocinglero, que puede imitar palabras y cortos retazos de música, en la cultura occidental representa un símbolo sombrío de mala suerte o, cuanto menos, de latrocinio, frivolidad y charlatanería. En China existe la costumbre de entregar, entre otros objetos, un espejo como símbolo de compromiso afectivo, y cuenta la tradición que la mitad del espejo se transformará en urraca y volará veloz para contarle al marido las infidelidades de su esposa. Por su parte, los nativos de América del Norte tenían la certeza de que las urracas conocían todos los secretos.

Vaca

En prácticamente todas las culturas, este rumiante simboliza la fecundidad, la abundancia y la tierra nutricia.

En el hinduismo es un animal venerado y exaltado. Las normas que rigen esta religión tienen más que ver con las acciones que con los pensamientos, así podemos ver que muchos hindúes veneran a Siva, a Debe o a Visnu, pero también forman parte de su panteón de adoración cientos de deidades menores, e incluso algunas sólo son adoradas por una aldea o una familia determinada. Esta falta de unificación en la adoración religiosa se aglutina en una práctica que observan casi todos los hindúes, que consiste en la veneración a las vacas. Dicha reverencia tiene su razón de ser en que el animal que nos ocupa, productor de leche, representa la sustancia primordial que alimenta al planeta.

La vaca también está asociada con numerosos textos budistas Zen en los que representa la naturaleza humana y su capacidad de iluminación y progreso espiritual.

La tradición védica contaba la conveniencia de que una vaca fuese llevada a la cabecera de la cama de los moribundos. Antes de expirar, el agonizante se agarraba a la cola del animal y, tan pronto había fallecido, era conducido a la pira crematoria sobre un carro tirado por vacas, seguido de una única vaca de color negro. Ésta era sacrificada y su carne depositada sobre el cadáver humano, cubriéndolo totalmente. Después, todo el conjunto era envuelto por la piel del animal. Una vez encendida la pira, los participantes entonaban cánticos y rezos pidiéndole a la vaca sacrificada que subiese con el difunto y le acompañara al reino de los bienaventurados que se encuentra en la Vía Láctea.

En Egipto, la figura de la diosa Athor, hija del dios Sol (Ra) y esposa del dios del cielo (Horus), representaba al amor y la belleza, siendo, además, la protectora del matrimonio, de la fertilidad y de las mujeres. Venerada en todo Egipto, se solía representar con la figura de una vaca cubierta de estrellas o como una mujer con cabeza de vaca.

Entre los sumerios la vaca está asociada a la luna y sus cuernos son la representación de la abundancia.

Zorro

Este cánido es un claro símbolo de la astucia, aunque no siempre positiva. Prueba de ello es que en Extremo Oriente el zorro tiene unas connotaciones realmente dañinas y satánicas. En Japón creen que este animal tiene la facultad de crear espejismos y convertirse en cualquier otro cuerpo, especialmente en el de una hermosa mujer. En China consideran que es el único animal que puede transformarse en humano, siendo capaz de pensar, reflexionar y predecir el futuro. También afirman que sólo él tiene la facultad y la costumbre de saludar al amanecer, tomando en este acto posturas tan humanas que, después de largo tiempo de reproducirlas, puede vivir entre nosotros sin atraer nuestra atención. Y en la tradición celta, el zorro es considerado como el vehículo del alma de los difuntos.

Cuando el zorro aparece en los cuentos representa el reflejo de la verdad del hombre, tanto de pensamiento como de obra, formando parte de su conciencia.

Capítulo VI

LA SIMBOLOGÍA DEL TAROT

Una de las disciplinas más extendidas en todo el mundo es, sin ningún género de dudas, todo lo relativo a la adivinación. Los deseos del ser humano por conocer aquello que está por suceder se remontan a la noche de los tiempos, pero ¿cómo descubrir qué nos quieren decir los dioses? ¿De qué manera interpretar sus señales? La respuesta es a través de los símbolos.

La forma en que cae una hoja del árbol, el significado simbólico que posee un objeto hallado en el camino, aquello con lo que se ha soñado... Todo son mensajes, palabras o, si se desea, símbolos susceptibles de ser interpretados y analizados para vislumbrar qué nos depara el destino. A lo largo de este capítulo nos centraremos en la simbología que encierran dos de los sistemas de adivinación más populares y extendidos, como son las cartas del tarot y las runas. Por supuesto, no entramos en valorar la capacidad de efectividad de cada uno de los oráculos, ni tampoco abundaremos en los posibles significados de las cartas o las runas. Nos centraremos en lo esencial, en la imagen que nos transfieren y en la simbología que ello nos transmite.

La baraja del tarot está compuesta por dos grupos de cartas principales: arcanos menores y mayores. Los llamados arcanos menores, que están divididos en oros, copas, bastos y espadas y que poseen una gran similitud con la baraja

129

española, son quizá los que menor trascendencia simbólica nos ofrecen. De hecho, se considera que estas cartas no pertenecían originalmente al oráculo y que éste estaba formado por el otro grupo de cartas, es decir, los arcanos mayores que son los que poseen abundante simbología.

Los arcanos mayores del tarot son veintidos láminas que muestran diferentes personajes y arquetipos. En dichas cartas podemos ver personas, animales, objetos y un gran número de elementos que, por una parte, nos abren la mente y, por otro, nos conectan con los símbolos esenciales. Además de todo ello, merece la pena resaltar que cada carta nos cuenta una historia forjada a través de la unificación de los diferentes símbolos que poseen, y ésta es precisamente una de las grandes riquezas del tarot.

I. El Mago

El ilusionista por excelencia del tarot no tiene desperdicio en lo que a riqueza simbólica se refiere. Por una parte, su cabeza está adornada con un sombrero que nos recuerda al número ocho, aunque en realidad es el símbolo del infinito, como muestra de que las ideas no tienen ni principio ni fin.

La varita mágica que porta el personaje en la mano simboliza el poder mental, la recepción de la energía cósmica y la capacidad de proyección. El personaje está trabajando tras una mesa, que curiosamente es de tres patas y simboliza la tríada, el triángulo. Sobre la tabla apreciamos una llave, símbolo de los secretos que todavía se están por revelar, y unas monedas de oro, que no son otra cosa que los tesoros de la tierra.

Otros objetos a destacar en la carta son las copas o cuencos que en sí son receptáculos mágicos y sagrados con la misión de contener la savia de la tierra o el saber acumulado. El cuchillo o la daga es uno de los elementos que utilizará el mago para modificar el entorno, y el cestito con hierbas es la armonía de la naturaleza.

II. La Sacerdotisa

Para algunos autores se trata de la papisa e incluso la monja, aunque su denominación más popular es la de sacerdotisa. Centrándonos en sus símbolos vemos que en su mano derecha lleva un libro que bien podría ser aquel que contiene los secretos de la sabiduría y la evolución espiritual. En su otra mano, la izquierda, porta dos llaves, una de oro que simboliza la razón, y la otra de plata que simboliza la intuición.

El personaje que nos ocupa está sentado en lo que sería una alegoría del Templo de Salomón, entre las columnas Jakin y Boas, es decir, entre el fuego y el aire. Vemos que lleva un gorro en forma de hongo, cuyo símbolo puede asociarse con el conocimiento de lo profundo, de aquello que está más allá de la realidad cotidiana.

LA · SACERDOTISA

Las prendas de la sacerdotisa también tienen una gran relevancia. Su manto azul nos habla de prudencia y perseverancia. El velo es una alegoría del misterio, de los secretos de la magia y del espíritu, mientras que las solapas amarillas son un peto de protección áurica. Dicho de otro modo, el personaje protege su energía de cualquier intromisión que pudiera producirse en el exterior.

III. La Emperatriz

Conocida también como la reina, se trata de un personaje que en su mano izquierda lleva un cetro que no es sino un bastón que representa el poder y la fuerza. Si nos fijamos, vemos que sobre la cabeza tiene una brillante diadema de estrellas que podríamos vincular con los doce

LA · EMPERATRIZ

signos del zodíaco, pero también con el mundo de las ideas y hasta con una cierta evolución espiritual.

Uno de los elementos que complementan el arcano que nos ocupa es la figura de un águila. En función de la baraja que estemos analizando veremos que el ave aparece, a veces, en el escudo que lleva la emperatriz, y en otros casos vuela en el margen derecho de la carta. El ave es la manifestación del poder y representa lo inalcanzable. Cuando el ave aparece volando, el signo nos dice que está vigilando el castillo que simboliza allí donde están los secretos del personaje.

Las prendas con que está vestida la emperatriz, son de azul claro y rojo, simbolizan la simbiosis que hay entre los colores que representan el pensamiento, la espiritualidad y la actividad.

IIII. El Emperador

Se trata del primer personaje masculino dotado de fuerza física. Vemos que en una mano porta la esfera que simboliza el universo y la divinidad, mientras que en la otra mano tiene cogido el cetro de poder, que podemos interpretar como el objeto que posee sintetizadas las fuerzas del cuerpo y de la mente, aunque también puede estar haciendo referencia al órgano sexual masculino.

El emperador, al igual que el mago, está calzado con unas zapatillas. El calzado, en este caso, hace alusión a las obras que se están llevando a cabo. La figura, que está sentada, adopta una postura de reflexión distante. Es como si el símbolo pretendiera indicarnos que en cualquier momento puede pasar a la acción aunque de momento prefiera limitarse a observar lo que está pasando.

V. El Sumo Sacerdote

Esta carta también recibe el nombre de Sumo Pontífice o incluso Papa. El personaje lleva un sombrero que nos recuerda al hongo revelador de secretos y de conocimientos ocultos reservados sólo para los muy capaces espiritualmente. En algunas barajas el sombrero tipo hongo se convierte en una corona que marca el discernimiento y la capacidad para entender aquello que está pasando, tanto si es tangible como si no.

EL · SUMO SACERDOTE

El personaje está protegido en su espalda por dos columnas que representan el «non plus ultra» y que pretenden decirnos que las ideas del sumo sacerdote tienen solidez y fuerza. Observamos que el personaje también tiene un cetro de poder, en este caso es un cayado, que por un lado simboliza la señal del peregrino y por otro nos remite a la experiencia obtenida luego de años de camino.

Dos personajes complementan esta carta, se trata de dos pajes. Uno aparece vestido con traje rojo, y podría hablarnos del lado más humano y materialista, mientras que el otro, ataviado con ropaje negro, simbolizaría la energía de la mente.

VI. Los Enamorados

De nuevo una carta en la que aparecen varios personajes, en este caso cuatro en lugar de tres como sucedía en la carta anterior. Es significativo este establecimiento de cuatro personas, que nos remiten al cuadrado como ejemplo de la solidez, en una carta que, teóricamente, nos habla de amor.

Como síntesis de la carta indicaremos que los dos personajes principales hacen alusión a los principios masculino y femenino que están presentes en todas las cosas. Vemos que junto a la pareja se encuentra una tercera persona que podría ser un consejero o rey, en claro

LOS · ENAMORADOS

simbolismo a la necesidad de recurrir a la experiencia antes de tomar una decisión. Finalmente, sobre los personajes principales vemos la existencia de una potestad divina, en este caso se trata de un ángel o mensajero de dios. El símbolo indica la presencia de lo incierto y lo divino en todas las acciones de la vida.

VII. El Carro

Esta es una interesante carta de acción: un hombre es trasladado en un carro que simboliza el éxito, la pomposidad, el triunfo y, en definitiva, el poder. Vemos que, como

138

sucede con otras figuras de la baraja, la que nos ocupa lleva un cetro en la mano, lo que para algunos es una fijación por lo material, aunque en general debemos definirlo como una representación de la fuerza de la voluntad, como el poder de la decisión.

Vemos que el vehículo que es el carro tiene dos elementos de gran simbología: dos caballos tiran de él. Este hecho en principio no es de extrañar, pero lo curioso es que cada caballo parece tirar hacia un lado diferente, de esta forma los corceles representan la inquietud y la ansiedad por alcanzar el destino deseado, pero también la dualidad de todas las cosas.

VIII. La Justicia

El personaje que representa esta acción es femenino, en clara alusión al poder de la intuición y a la capacidad

139

del diálogo, que son dos de los signos de naturaleza femenina. En las antiguas láminas de Tarot esta figura llevaba
alas, lo que le otorgaba cierto poder celestial; quizá también quería decir que es preciso sobrevolar las cosas y
mirarlas desde la distancia antes de juzgarlas.

La figura posee en una mano la espada de la acción,
mientras que con la otra sostiene la balanza de la reflexión
y la equidad. La balanza posee varios simbolismos: la
experiencia del mercader, es decir, de aquel que ha sabido
conjugar la sabiduría de los demás con la suya propia, los
errores cometidos o el elemento para medir el precio a
pagar por esos errores.

VIIII. El Ermitaño

Esta es una figura en actitud curiosa, ya que por un
lado nos da la impresión de que está caminando, pero al

mismo tiempo no le vemos los pies ni tampoco el calzado como sucede con otras figuras. Ello nos da una idea de que manifiesta los deseos de caminar pero la indecisión de hacia dónde hacerlo. El personaje representa cierta ancianidad, por lo que simbolizaría el poder y la fuerza que otorga la sabiduría. Sin embargo, la suya no es una sabiduría ciega y absolutista, puesto que como podemos apreciar, el personaje porta en su mano un farol que simboliza la necesidad de iluminar los caminos de la vida con diferentes puntos de vista más allá de los propios.

X. La Rueda de la Fortuna

En esta carta se nos remite directamente al círculo de la creación y la vida, al eterno girar evolutivo de todas las cosas. En la izquierda de la rueda vemos un simio con las manos atadas que cae y que sería una alegoría del individuo poco inteligente que prefiere dejarse llevar por los acontecimientos antes que tomar nota de ellos y coger las riendas de su vida. A la derecha de la rueda observamos un astuto conejo que parece trepar cuando, en realidad, se coge a ella instintivamente y sobrevive a su movimiento, aprovechando así la experiencia vivida.

Un aspecto a considerar de la carta es que no podemos observar el final de la manivela que produciría el giro de la rueda, lo que simboliza que es movida por un ente que no está en la lámina, por un ser superior. Es como una llamada de atención a los designios ocultos de los dioses. El suelo de la Rueda de la Fortuna es un suelo sin arar, un suelo liso, y su simbología es evidente: al estar pendiente de ser trabajado alude a responsabilidad, es como si nos dijera que cada uno es el responsable de plantar las simientes que luego configurarán su destino.

Descansando sobre una plataforma, en la parte superior de la rueda, observamos un ser con corona que está por encima del movimiento de la rueda. Este ser tiene rabo y, para muchos, su interpretación es maléfica. Sin embargo, más parece ser una criatura enviada por los dioses para observar el correcto destino de los seres humanos en su evolución.

LA · RUEDA · DE · LA · FORTUNA

XI. La Fuerza

Esta es una carta muy sencilla ya que en sí se ha recurrido al arquetipo del león para hacernos llegar el concepto de la fuerza. Sin embargo, vemos que dicho león está siendo dominado por una mujer. El conjunto de símbolos parece decirnos que la fuerza bruta carece de sentido si no se le aplica la inteligencia y la perspicacia.

Como sucede en la carta del mago, vemos que en la lámina de la fuerza se repite un sombrero en forma de ocho o símbolo del infinito que nos habla de la fuerza eterna e imperturbable y de la constante evolución.

XII. El Colgado

Esta es una carta que merece ser observada dos veces para darse cuenta de ciertos detalles. Por una parte, los árboles que soportan al personaje tienen las ramas podadas, símbolo de castración, de impedimento de crecimiento.

También vemos que el número de ramas podadas es doce, igual que el arcano, y esto tiene especial simbolismo con los doce meses del año.

La figura parece estar en un abismo que representa las bajas pasiones, la precipitación y la ignorancia. Si prestamos atención a la figura vemos que sus piernas están cruzadas, lo que simboliza un cruce de energías en la vida del Colgado. Ahora bien, la carta no nos muestra las manos del personaje, como si no estuviera en condiciones de pasar a la acción o incluso como si hubiera renunciado a ella. Otro aspecto es que no observamos el nudo que supuestamente le ata el tobillo. Analizando todas estas curiosidades, entre las que podemos añadir el rostro de aparente serenidad del personaje, llegamos a la conclusión de que se trata de un conjunto de símbolos irónicos, mordaces y hasta engañosos que quizá nos están diciendo que no nos dejemos llevar por la primera impresión de lo que veamos.

XIII. La Muerte

Aparece representada por el esqueleto y la guadaña, de cuya simbología ya hemos hablado en otro apartado. Lo más relevante de esta lámina es que la muerte ha cortado la cabeza de un niño y la de un rey, esto simboliza que la muerte, la transformación o el cambio y la evolución de la vida están en todas partes.

El personaje principal, el esqueleto, tiene un pie hundido en la tierra, lo que simboliza que forma parte de ella, y nos dice que incluso lo inmutable como la tierra debe transformarse.

XIIII. La Templanza

Esta condición en apariencia tan humana nos viene representada con el símbolo de un ángel, un mensajero de los dioses. Las dos alas nos remiten al símbolo de la fuerza del águila y a la espiritualidad, pero también a la necesidad de despegar los pies de lo tangible y establecido.

El ángel posee dos jarras que simbolizan el receptáculo de lo sagrado. Los investigadores del tarot aseguran que uno de los jarros es de oro y el otro de plata, en clara alusión a la necesidad del equilibrio que debería existir entre el cuerpo y el alma, entre la acción y el pensamiento.

XV. El Diablo

Esta figura nos remite a un símbolo manifestado a través de cientos de interpretaciones. El personaje principal, el diablo, posee una espada en la mano izquierda, un arma que curiosamente carece de empuñadura, como si nos dijera que la acción carece de reflexión, en este caso el símbolo alude a la precipitación. Observamos también que la mano derecha está alzada, y nos muestra la cara, un símbolo alegórico de aquellas acciones que se llevan a cabo de forma limpia y abierta.

Bajo la figura principal vemos a un hombre y una mujer, atados por el cuello y con las manos ocultas. Su posición nos habla de la falta de voluntad y de la carencia de capacidad para ejecutar acciones. Por otro lado, estas figuras portan un tocado con cornamenta que podría estar aludiendo tanto a la protección de sus ideas como a la anulación de las mismas.

XVI. La Torre

En esta carta es en la única en la que podemos apreciar una construcción en primer plano. En la carta del Sol vemos un muro y en la Luna observamos la mitad de dos torreones. La torre simboliza el poder de las acciones ejecutadas con seguridad, pero también la protección contra todo aquello que resulta desconocido.

148

La torre del tarot es alcanzada por un rayo que toca la corona de la torre, la cual simboliza la cabeza, las ideas y todo aquello que rige el mundo de lo cotidiano. El rayo simboliza la destrucción del poder material y la abundancia obtenidos con fines mundanos.

XVII. La Estrella

Vemos que se trata de un símbolo que, en lugar de estar protagonizado por una gran estrella, lo está por una alegoría de sus virtudes. En este caso la alegoría es una joven doncella que representa la belleza, la lozanía y la fuerza energética que posee todo aquello que no ha sido embrutecido por el entorno ni por los valores de la negatividad.

En la carta observamos como elementos complementarios unos árboles, signo de la evolución, dos cántaros de agua que representan el equilibrio de la templanza, y un pájaro que, en este caso, es de color negro y que podría querer representar un cuervo o lo que podría interpretarse también como un mal augurio.

Por supuesto, como no podría ser de otra manera, en el cielo observamos un número interesante de estrellas que son el signo de la luminosidad, la magia y el esplendor de la evolución espiritual.

XVIII. La Luna

Nuestro satélite siempre ha sido objeto de leyendas, mitos y cosmogonías. En el caso del tarot, la luna no está sola sino que se complementa de varios elementos que hablan por sí mismos. De entrada, vemos que la luna está llena, con todo su poder, hecho que se manifiesta a través de los muchos rayos que irradia. Pero por si eso fuese poco, también esparce unas gotas que alcanzan a todos los elementos de la carta. El símbolo nos habla del poder y la fuerza del arquetipo femenino, de su función fertilizadora, tanto de ideas como de acciones.

Como personajes complementarios vemos dos perros que parecen estar enfrentándose a la luna. Su simbología nos habla del diálogo y de la necesidad de utilizar, en los argumentos expresivos, tanto el valor como el temor, dos conceptos existencialistas que aparecen reflejados en la posición de las colas de los canes. La dualidad de esta carta la vemos también en las dos torres que se encuentra en el fondo de la imagen. Por último, en la imagen observamos la presencia de un lago, símbolo del misterio que se esconde tras las emociones que vienen representadas por el agua. Resulta curioso que en el interior del lago se encuentre un cangrejo, criatura vinculada a la luna y a sus fases por muchas tradiciones orientales.

XVIIII. El Sol

El principal simbolismo de esta lámina del tarot viene representado por un gran círculo solar, pero también por los dos niños que se abrazan y que nos remiten al signo arquetípico de los gemelos del zodíaco, es decir, al signo zodiacal Géminis: la dualidad, la acción junto a la reflexión, el valor frente al temor; la concentración ante la dispersión.

La simbología de la carta en conjunto parece hacer referencia a que todas las cosas, con independencia de la naturaleza que posean, están en condiciones de recibir la fuerza energética de los cielos, de la divinidad, en este caso del sol.

XX. El Juicio

Nuevamente una carta con cuatro personajes principales, por tanto, una vez más una carta que nos habla de los cuatro elementos, de la solidez y de los cuatro principios armónicos o direcciones hacia las que podemos encaminar nuestros pasos.

Como figura principal observamos la presencia de un ángel que para los expertos en tarot bien pudiera ser una alegoría del arcángel San Gabriel. De cualquier forma, la entidad celestial, dotada por supuesto de las alas de la libertad y la perspectiva, emana una serie de rayos que simbolizan que nadie está exento de ser sometido a un juicio en algún momento de su vida o de ser tocado por la energía de los dioses.

152

De los tres personajes que están situados en la parte inferior de la carta, uno de ellos, el que se encuentra de espaldas, parece salir del lugar en que fue enterrado cuando falleció. La tumba que aparece en la imagen simboliza el receptáculo donde se guardan los pecados, las malas acciones o todo aquello que a la persona le produce remordimientos y, por tanto, desea ocultar a la vista de los demás.

Por lo que se refiere a los otros dos personajes, que están de cara y desnudos, manifiestan una alegoría de no tener nada que ocultar. Una de las figuras representa a un anciano, con barba blanca signo de la experiencia, la sabiduría de los años vividos, y también simboliza todo aquello que es reverenciable y digno de respeto. La otra figura es una doncella, signo de la fertilidad de la vida y la creación.

EL · JUICIO

XXI. El Mundo

Resulta significativo que en esta carta el mundo esté en el centro de un óvalo que nos remite al círculo de protección y creación. El personaje que está protegido en el interior de este círculo es una joven doncella, signo de la fertilidad y la creación que nos refleja un planeta o mundo vivo.

Encuadrando la figura principal vemos la representación de los cuatro elementos; el agua, el aire, el fuego y la tierra. Para algunos investigadores de la simbología del tarot, en realidad estas cuatro figuras serían los símbolos que representarían a los evangelistas san Mateo, san Marcos, san Juan y san Lucas. Estos elementos, tanto de simbolismo alquímico o evangelistas, delimitan a la figura central, que es la diosa Gea, la Tierra.

XXII. El Loco

Se trata de un personaje que vemos vestido de bufón. El bastón que utiliza para apoyar sus pasos representa su interés o voluntad en el sentido de lo material, es como si el loco supiera pisar firme el suelo por el que camina. El hatillo que porta sobre el hombro es un signo que hace referencia a los recuerdos de lo vivido, a todo aquello que es encerrado en un saco para que no sea visto o cuestionado por los demás. El hecho de que dicho hatillo esté situado por detrás de la cabeza nos indica que pertenece al pasado, a lo ya experimentado, en definitiva, a la memoria.

Un último signo relevante de la carta es la alimaña que ataca a la figura principal y que representa las adversidades y los obstáculos que siempre estarán presentes en todo camino iniciático.

Capítulo VII
LA SIMBOLOGÍA DE LAS RUNAS

De nuevo nos encontramos con veintidos signos que hacen alusión a características de índole arquetípica. Las runas, cuyo origen nos resulta incierto, son, ante todo, un sistema de lenguaje, un método que nos permite comunicar emociones, sensaciones, experiencias y hasta presagios.

Sabemos que fueron utilizadas por los pueblos vikingos y suponemos que fueron ellos quienes las inventaron. Claro que al hablar de signos de índole sagrada, mágica y mística, siempre sucede que nos podemos encontrar con multiplicidad de interpretaciones. Algunas de las más relevantes son las que nos remiten a que en realidad las runas son de origen germano: ellos fueron las que las inventaron, aunque fueron los vikingos quienes se encargaron de tomarlas como propias y popularizarlas por los pueblos del norte de Europa e incluso más allá del viejo continente. Otra hipótesis nos habla de que en realidad se trata de signos místicos que utilizaron los primitivos pueblos indoeuropeos que finalmente se asentaron en lo que actualmente denominamos Europa. Dichos signos místicos llegarían a través de las diferentes sociedades sacerdotales tanto a la sociedad germana como a la vikinga e incluso a la etrusca y la celta, con la peculiaridad de que cada cultura las reformó o adecuó tanto en significado como en diseño. Un dato revelador y que nos sirve para dar y quitar autoría a unos y otros pueblos, es que las dataciones arqueológicas nos hablan del hallazgo de signo rúnicos anteriores al establecimiento de culturas como la vikinga o incluso la céltica.

La relevancia de las runas hoy es puramente adivinatoria, al menos desde una perspectiva populachera, pero en realidad cada runa es mucho más que un oráculo. En sí misma se trata de un signo que, para llevarse a cabo, combina ciertos trazos que a primera vista se nos antojan similares a letras. En realidad, cada una de las runas es un ideograma, un conjunto de símbolos que pretenden contar una historia, efectuar una reflexión o incluso rendir tributo a determinada divinidad, período estacional o incluso condición humana.

Aconsejamos al lector que más allá de la explicación que se refiere a cada runa, efectúe un trabajo de introspección en el símbolo. Para realizar dicha práctica bastará con observar la imagen que acompaña a cada una de las runas y, luego de mirarla unos minutos, dejar que se grabe en nuestra mente. Acto seguido, procederemos a abrir la conciencia y estaremos atentos a recibir sensaciones.

Como en el caso de los símbolos de las cartas del tarot, nos centraremos en efectuar un breve repaso relacionado con la simbología general de cada símbolo, pero como comprenderá el lector, omitiremos todo lo relativo a las cualidades adivinatorias del signo ya que ese no es el objetivo de este libro.

Runa Beorc

Simboliza la fertilidad y el alumbramiento tanto de las nuevas vidas como de las ideas y las acciones. Representa las alianzas y los beneficios que se pueden obtener gracias a los vínculos energéticos que existen con aquellas personas que se encuentran en un mismo nivel vibracional o espiritual. El símbolo nos recuerda a la letra «B», pero si lo observamos atentamente veremos que está formado por dos triángulos que simbolizan la expansión de la energía tanto desde el prisma físico como psíquico.

Runa Ur

Es uno de los símbolos de la buena suerte que representa la expansión de la dicha, la ventura, la suerte y la salud. Nos recuerda a una letra «N» minúscula. En realidad, si lo miramos desde abajo y hacia arriba observaremos que se trata de dos caminos que nacen de la tierra y confluyen en uno solo que apunta directamente al cielo.

La runa hace referencia a la necesidad de unir los principios de lo masculino y lo femenino para así alcanzar la evolución espiritual y a la divinidad en el último camino de la vida, que es el que nos conduce irremediablemente a la muerte.

Runa Feoh

Es una runa que estuvo vinculada con lo agrícola y lo ganadero, se decía que era el símbolo que protegía a los animales pacíficos, es decir, a los domésticos. Es, por tanto, una runa que simboliza el hallazgo de la protección en el trabajo y el esfuerzo. Si la observamos con atención veremos que está compuesta por una línea vertical, de la que nacen otras dos en diagonal y orientadas al cielo. La primera línea representaría al ser humano, la segunda a los animales con los que él trabaja, y la tercera se correspondería con las plantas y lo agrícola.

Runa Porn

Esta es la runa de la evolución, del poder de las fronteras, del desplazamiento y de los caminos. Si nos fijamos con atención veremos que está formada por una línea vertical de la que surgen otras dos que terminan por unirse formando un triángulo con lo que sería la línea base. Este triángulo, en realidad, pretende hablarnos del eterno retorno al origen de todas las cosas. La línea vertical simboliza la vida del ser humano, que nace de la tierra y se encamina al cielo. Las otras dos líneas pueden vincularse una a sus ideas y otra a sus acciones, pero también al continuo ciclo que es la vida.

Runa Os

Es la runa de los encuentros gratificantes, es un símbolo de amistad, de bienvenida, de cercanía y a la vez de protección. La runa que nos recuerda a la letra «F» de nuestro alfabeto está conformada por una línea vertical que simboliza al receptor de lo nuevo. Las dos líneas inclinadas que culminan por unirse a dicha línea principal simbolizan, respectivamente, lo bueno y lo malo que llega a nuestra vida.

Runa Rad

Esta es la runa de los viajes y las runas, de las nuevas fronteras y de los senderos. Como vemos, la runa nos recuerda al signo de la «R», pero en este caso tenemos que ir más allá del grafismo y debemos ver en él la existencia de un triángulo superior que nos remite al ciclo de las cosas. Por su parte, la línea vertical sobre la que está trazado el símbolo y la línea inclinada que sugiere el «palito» de la «R» hacen alusión a los caminos propios y ajenos de la vida. El símbolo pretende decirnos que todas las naturalezas, incluso las que son diferentes, tarde o temprano se encuentran y deben compartir vivencias y experiencias.

Runa Ken

Está considerada como una runa de protección que se asocia con el poder vivificador del fuego, a la vez que se establece una vinculación de la runa con el sol regenerador del nuevo día. En el símbolo, la línea vertical establece la vinculación que existe entre el cielo y la tierra, entre la energía de la luz del día y la oscuridad de la noche. Por su parte, la línea inclinada que se une con la que está vertical simboliza al hombre naciendo de la tierra y recorriendo un camino evolutivo que le debe llevar al sol, a la energía de los dioses.

Runa Gyfu

Es la runa de las asociaciones, del cruce de los caminos, del intercambio de las ideas y las experiencias; no en vano no remite a la equis, es decir, a la intersección. Es una runa que también alude a la vida y a la muerte. Por otro lado, merece la pena destacar que se asocia con el cuatro y, por tanto, con los cuatro elementos.

Runa Wyn

Es la runa del bienestar, de la armonía que se logra gracias a la seguridad y al conocimiento de uno mismo. En la antigüedad esta runa estaba asociada al útero materno, al universo en el que se encontraba el no nacido, a la intimidad. El símbolo nos sugiere una letra «P» y, como otra de las runas, alude a la espiral de la evolución y a la repetición de los acontecimientos en una rueda sin fin. En este caso la rueda de la repetición tiene el objetivo del autoconocimiento del interior, esto es, del espíritu y de las emociones.

Runa Haegl

Es la runa del hielo y del granizo, pero también de la lluvia. Dicho de otra forma, es el símbolo de los muchos caminos del agua. Es, pues, la runa del pacto de la transigencia y de la capacidad de adaptación y evolución al paso de los acontecimientos. Si nos fijamos en el símbolo vemos que nos recuerda mucho a una letra «H». En este caso las dos líneas que están en posición vertical pretenden simbolizar la vida. No es que indiquen que hay dos vidas diferentes, aunque algunos autores han visto en ellas una representación del cuerpo y del alma, que serían las dos vidas del ser humano. En sí, las dos líneas verticales más bien parecen decirnos que hay varios caminos que nos llevarán a un mismo destino, de ahí las dos líneas inclinadas de la intersección.

Runa Nyd

Esta es una de las runas que simboliza la vida de lo cotidiano y de la interferencia que tienen en todo ello la divinidad y el mundo de lo espiritual, puesto que el símbolo tanto representa a los animales como a las plantas. La runa nos habla del estrecho vínculo que hay entre todas las cosas y nuevamente nos remite a la intersección, al cruce de caminos. Como vemos, su figura nos sugiere tanto una cruz como el signo de sumar.

Runa Ger

Es una runa que nos remite al triunfo logrado gracias al esfuerzo. De hecho, en la antigüedad, este era el símbolo que representaba las grandes gestas y hazañas logradas luego de aplicar con inteligencia la humildad y la prudencia. El signo nos recuerda de nuevo a un cruce de caminos. De hecho, vemos una línea central y vertical que en su centro está cortada por la encrucijada, lo que nos conduce a una representación de los cambios de la vida, a la toma de decisiones y a los altibajos que nos tocará experimentar en nuestra evolución.

Runa Eoh

Este símbolo nos remite a los poderes de lo oculto, a la magia, a la existencia de genios y duendes. De hecho, se vincula con los senderos de los seres invisibles.

Observando el símbolo vemos que nos recuerda a una «S». En este caso, representa un camino a recorrer, pero también una serpiente, que se trataría de un animal vinculado a los deseos de lo oculto, lo místico a la vez que mágico. Eoh es la palabra que no se puede pronunciar, puesto que más que una palabra es una invocación.

Runa Pear

Esta es la runa de los regalos inesperados, de la suerte del destino, de todo aquello que se recibe como aliento de la vida cuando se ha perdida la esperanza y la fe. El signo representa, además, lo que es justo y ecuánime.

El diseño del símbolo se parece mucho a una letra «C» aunque con unos lados quebrados, que se proyectan hacia la derecha. En sí, es una llamada a la expansión, a la proyección. Como en otras ocasiones, la línea vertical representa al ser humano en su tránsito de vida, mientras que las dos líneas quebradas horizontales son una llamada a que se actúe utilizando, a la vez, cuerpo y mente, lógica y creatividad, puesto que sólo utilizando estas dos condiciones se podrá recuperar la esperanza perdida y hallar el premio del destino.

Runa Eolh

Esta es la runa del destino grato y gozoso, de las cosechas productivas y la crianza numerosa. Se trata de un símbolo que nos conduce a la fertilidad, a los premios. Es una figura que representa la alegoría de aquello que está completo, y que en el ser humano es cuerpo o apartado físico, mente o apartado del pensamiento, y alma o evolución espiritual.

Si nos fijamos, veremos que el signo nos recuerda a una «Y», pero que en este caso posee un tercer brazo central. La simbología de la runa es que el tronco central simboliza la existencia del ser humano, y cada una de las tres ramas se asocia con los aspectos de cuerpo, mente y espíritu.

Runa Sigel

Aunque por su forma nos recuerda a una letra «N» al revés, en realidad, más que marcar un camino a recorrer, la simbología nos habla del rayo solar, de la proyección de la energía. Resulta curioso pero, pese a su forma, esta runa nos remite al sol, por tanto, al círculo, a la esfera y, cómo no, al punto. El símbolo pretende manifestar que la energía del dios solar, de la fuerza de la vida, está en todas partes.

Runa Tir

Sin lugar a dudas, nada más claro que lo que podemos interpretar como una flecha, para comprender un símbolo que alude directamente al movimiento de la vida. En este caso, esta es la runa que los antiguos asociaron al amor, entendiendo como tal los vínculos de respeto, cariño y cordialidad que se generaban entre las personas de una energía afín.

Resulta sugerente, además, que entre los druidas, de cuyas prácticas mágicas sabemos muy poco puesto que no nos dejaron nada escrito, al menos desde un punto de vista oficial, la runa Tir es una llamada al amor. Al parecer, la palabra Tir, que los expertos en celtismo aseguran pudo pronunciarse como «tiuir», manifestaba el profundo deseo de experimentar el amor puro y se exclamaba junto con otras muchas en las fiestas de Beltaine, que es cuando los pueblos celtas celebraban la entrada de la primavera.

Runa Man

Este es un símbolo rúnico que nos habla de los horizontes y las fronteras, de todo aquello que está más allá de nuestra vista y más allá de la razón. Este símbolo servía para designar la existencia de duendes, hadas e incluso espíritus familiares. De esta forma, las líneas que forman el símbolo serían en realidad algo así como un mapa que nos hablaría de los diferentes caminos que la razón debe recorrer para encontrarse con el plano de la sinrazón. Como vemos, el símbolo nos recuerda muchísimo a una letra «M» y es de una gran parecido con otro del que nos ocuparemos más adelante, el correspondiente a la runa Doeg. En ambos casos, nos está hablando de la equis, de la interpolación de las naturalezas en la encrucijada de la vida.

Runa Lagu

Es una runa que nos habla del arquetipo del agua, por tanto, se vincula con el nacimiento y la transformación. Al tiempo, es una runa que simboliza los ríos, lagos y pantanos. Por otra parte, merece la pena destacar que el símbolo y su nombre están directamente asociados a la capacidad de la curación. En sí, vemos que el símbolo está formado por dos líneas: una representaría la salud y la otra la enfermedad. La complejidad del símbolo es que hace una llamada para que cada persona descubra por sí misma qué líneas de su vida, es decir, qué actitudes, son las que le enferman, y cuáles otras las que pueden llevarle a la curación.

Runa Ing

Representa la comunicación, las noticias, comentarios y revelaciones. El símbolo rúnico, que nos sugiere una forma de espiral, se asociaba al viento y, más concretamente, al elemento aire. Para los antiguos usuarios de las runas y también para quienes las trabajaban desde un punto de vista mágico y místico, la forma de la runa representaba a la espiral que forma el aire cuando genera un remolino. Dicho remolino era visto como el movimiento de las noticias, las palabras y las revelaciones que hacían los dioses a través de los sonidos del aire.

Runa Epel

Esta runa, que más se parece a un lado que termina por formar un rombo, alude directamente a la materialidad de las cosas, pero también a todo aquello que ha sido forjado con serenidad, prudencia y paciencia. Simboliza lo estable, sólido y perfectamente asentado.

Vemos que el símbolo que más destaca en la runa es la figura de un rombo, que en definitiva no es más que un cuadrado que ha comenzado, simbólicamente, su andadura evolutiva girando sobre sí mismo y por ello nos presenta la figura romboide. Este simbolismo del movimiento es muy importante para comprender la runa ya que, en realidad, nos está indicando que todo, incluso aquello que parece muy sólido y está perfectamente asentado, debe evolucionar.

Runa Doeg

Se trata de un símbolo solar que marca la plenitud del astro rey en el cielo, por tanto, esta runa nos habla de dicha, expansión y fortaleza. Al ser un símbolo solar, al margen del astro rey también nos menciona la fuerza del elemento fuego con el que está asociado, y nos remite a la capacidad transformadora de dicho elemento que, recordemos, puede ser muy hiriente y peligroso cuando está descontrolado. Por todo ello, el símbolo de la runa hace mención, a través de las líneas diagonales de su interior, a la necesidad de la reflexión.

Anexo I

LOS COLORES
COMO SÍMBOLOS TRASCENDENTES

En ocasiones, cuando vemos un símbolo, en función del lugar en el que esté grabado o impreso nos atrae más su colorido y los matices con que ha sido trazado que el símbolo en sí mismo. No podemos negar que cada uno de los colores posee una fuerza y vibración que resulta única. Sin embargo, el color no aparece por sí mismo, sino que tiene razón de ser cuando se encuentra en el interior de un símbolo, cuando lo rodea remarcando algún aspecto de él o incluso cuando ha servido para realizar un trazo determinado.

Veremos seguidamente la importancia de los colores y conoceremos algo en torno a las vibraciones. Saber estos datos nos será de gran ayuda para complementar la información que por sí mismo nos da el grafismo de un símbolo determinado.

Blanco

En general, es un tono neutro que representa la pureza, el amor, la franqueza, la gestación, el nacimiento, el principio de casi todas las cosas que en su evolución generarán armonía. Por otra, parte el blanco nos habla de lo que aún no ha sido revelado o acabado, aquello que es impreciso o invisible.

Azul

Es un tono que expresa la dulzura y la armonía, la receptividad, la comprensión, el bienestar. Al ser el color del agua, nos remite al sentido de la adaptación y evolución de todas las cosas. Dado que también se trata de un color mental, tanto en las gamas de azules más fuertes como en las de los más claros nos revela la vida espiritual y el mundo de las ideas, pero también la confusión de los sentimientos.

Gris

Este color, que en apariencia representa lo turbio y hasta lo engañoso, en realidad se suele vincular, desde un punto de vista simbólico, con el equilibrio entre la acción y el pensamiento. Manifiesta, pues, lo neutro, la sabiduría de la prudencia y todo aquello que está en el inconsciente.

Amarillo

Es un color de expansión que está relacionado con la luz del sol, con la energía creadora y la fuerza vital de la existencia. Simboliza la luz de la verdad, la autenticidad, la intuición, la memoria, la fe. Para algunos autores está asociado con la vida eterna y hasta con la inmortalidad. Cabe resaltar que el color amarillo también nos habla de aspectos negativos, y en este caso suele vincularse con la mentira, la decepción y hasta con la traición.

Negro

De nuevo un color que teóricamente es neutro y que, sin embargo, como sucede con el blanco, produce una serie de vibraciones simbólicas. El negro representa la renuncia en vistas de una renovación, por tanto, es el color del luto, de la muerte entendida como el tránsito hacia un nuevo lugar. Es el color que también simboliza el olvido, los instintos más secretos, el comportamiento primitivo y, cómo no, la oscuridad, la adversidad, el fin, el caos, la inquietud y la angustia.

Naranja

Este tono, que modernamente se ha vinculado con el símbolo del trabajo místico, expresa el amor puro e ideal, lo sublime, la unión de las almas y de los cuerpos, la fidelidad y la templanza. Es también el tono que nos habla de aspectos no tan positivos como la desunión, la lujuria y los excesos.

Rojo

Simboliza la sed de conocimiento y de poder, la acción, la creación, la excitación, el deseo. No olvidemos que es otro de los colores del sol y también del fuego. Manifiesta los impulsos, las pasiones, la perversión, los secretos, los misterios desvelados, la cólera y la violencia.

Verde

Representa el despertar de lo místico, de aquello que se ha fraguado en el interior a la espera de recibir la llamada de lo divino y elevado. Simboliza también la esperanza, la inspiración, las aspiraciones, la regeneración, la curación, la paz y la clarividencia. Es el color de la flexibilidad, del diálogo, aunque puede representar el arrojo desmesurado y la negligencia.

Lila

Este es otro de los colores que suele asociarse con la espiritualidad y hasta con el sacerdocio y la renuncia a la vida terrenal. El color lila simboliza la lucidez, la reflexión, el equilibrio interior, tanto desde un punto de vista espiritual como armónico con uno mismo. Por otra parte es un color que está relacionado con la comunicación, los intercambios de conocimiento, los ciclos de la vida y lo colectivo.

Marrón

Es, evidentemente, el color de la tierra, de la madre y, por tanto, de todo aquello que es material y sólido. Expresa el realismo, la estabilidad en todos los parámetros de la vida, la humildad, la abnegación, el respeto, la disciplina, la fuerza moral, el deber, pero también la tristeza, la servidumbre y el autoritarismo.

Rosa

Se dice que es el color de los ángeles, aunque estos mensajeros de la divinidad han sido representados con infinidad de colores. Simboliza la ternura, el respeto por la vida y por la muerte, entendiendo que forman parte de una misma cosa. Es también el tono de la igualdad, la comprensión y la complicidad.

Anexo II

LOS NÚMEROS COMO SÍMBOLOS TRASCENDENTES

El simbolismo de los números

Como ha sucedido con el caso de las runas y de los símbolos inscritos en las cartas del tarot, los números han sido objeto de todo tipo de estudios y análisis, algunos de ellos desde un punto de vista espiritual, místico y también adivinatorio.

Pitágoras, a quien le debemos entre otras muchas cosas su famoso teorema, fue el responsable de dotar a los números de una capacidad reveladora y hasta adivinatoria. La numerología es el arte, que no ciencia, que se encarga, siguiendo la disciplina y las investigaciones pitagóricas, de vincular y reducir todo a una cifra para desvelar sus significados ocultos.

Más allá del puro significado adivinatorio de un número, lo cierto es que representa un símbolo. El dígito genera una revelación que merece la pena conocer, no sólo porque a veces los números acompañan a otros símbolos, sino porque, a diferencia de los colores, carentes de identidad simbólica por sí mismos, cada dígito es un símbolo con entidad propia.

Uno

Representa al rayo solar, al sol y a todo aquello que es fuerte y creativo. Es un número de poder que nos habla de la expansión. No en vano está formado por una línea que, en función de su representación, puede incluso convertirse en una flecha. El uno representa también la maestría, la actividad y los cambios evolutivos.

Dos

Se asocia con la doble línea, la paralela. Expresa más pensamiento que acción, y se vincula con la indecisión pero también con la intuición, la falta de confianza, la variabilidad y la sensibilidad.

Tres

Está representado por el triángulo, por tanto, es una expansión en tres direcciones: cuerpo, mente y espíritu. Representa la emanación de la energía y la disciplina, el triunfo, el orgullo y la independencia.

Cuatro

Contiene la firmeza, tal como la tierra, y es, por tanto, el símbolo del cuadrado, del pragmatismo, la resistencia, la disciplina y la rectitud de las cosas. Es el símbolo del hogar, de la hoguera en torno a la cual se reúne el clan.

Cinco

Es el número que está asociado a la vivacidad, la sensualidad y lo impulsivo. Se asocia con el pentágono y simboliza la sensualidad, la impulsividad, la rapidez, la impaciencia y la interrupción de las cosas de forma repentina, es decir, la vida y la muerte unidas por el caos.

Seis

Simboliza la perfección, el equilibrio y la armonía. Está asociado con el símbolo de la espiral y vinculado a la belleza, la comunicación y la sutilidad.

Siete

Es un número místico por excelencia que suele asociarse con el báculo de poder, pero también con la vara y la varita mágica del mago, siendo la parte superior del trazo del número una alegoría del mango de dichos elementos. Se vincula con la búsqueda de lo espiritual y con todo aquello que no está directamente asociado a lo material.

Ocho

Este es el símbolo del infinito y, al tiempo, de una extraña dualidad. De hecho, está compuesto por dos ceros unidos entre sí, es decir, por dos círculos que nos remiten a la dualidad de la divinidad. El número simboliza también el éxito, la fuerza de voluntad, y manifiesta la profundidad de las cosas que están por revelarse.

Nueve

Es el número asociado a la expresión de lo definitivo, a la culminación de las obras y las búsquedas espirituales, es también el número de lo perfecto a la vez que magnánimo y generoso.

Cero

Es el círculo y, por tanto, la expansión del punto y la formación de la esfera. Aunque en la actualidad representa la nada, en realidad nos sugiere el momento anterior a la gestación, la puerta oculta a todo aquello que todavía no se ha manifestado pero que ya existe.

ÍNDICE

INTRODUCCIÓN 5

CAPÍTULO PRIMERO. ORIGEN E HISTORIA DE LOS
SÍMBOLOS 9
    1. El emblema 13
    2. Los atributos 13
    3. Las alegorías 13
    4. La metáfora 14

CAPÍTULO II. GUÍA PRÁCTICA DE TRABAJO SIMBÓLICO 21
    Trabajar con los símbolos 22
    Cómo trabajar con los símbolos de este libro 29

CAPÍTULO III. SÍMBOLOS BÁSICOS 33
    Punto 33
    Círculo 34
    Esfera 36
    Espiral 37
    Onda 39
    Triskel 40
    Línea 42
    Intersección 43
    Encrucijada 44
    Cruz 46
    Triángulo 51

Cuadrado 53
Cubo 55
Pentágono 55
Pentagrama 56
Pentáculo 56
Estrella 57

CAPÍTULO IV.   EL SIMBOLISMO DE LOS OBJETOS 61
Abanico 62
Alfombra 62
Anillo 64
Antorcha 66
Báculo 67
Balanza 68
Cadena 69
Caldero 69
Campana 71
Casco 71
Collar 72
Copa 73
Daga 74
Escalera 75
Escoba 75
Espada 76
Espejo 77
Flecha 78
Guadaña 79
Guante 79
Hacha 80
Hoz 80
Lámpara 81
Llave 81
Mandala 83
Máscara 84

Menhir 86
Nudo 86
Pozo 88
Puente 88
Puerta 89
Sarcófago 90
Tambor 91
Tótem 92
Vara y varita 93
Vela 95

CAPÍTULO V. EL SIMBOLISMO ANIMAL Y OTRAS CRIATURAS .. 97
Abeja 98
Águila 98
Araña 100
Ballena 100
Buey y búfalo 101
Búho 102
Buitre 102
Caballo 102
Camello 103
Centauro 104
Cerdo 105
Cíclope 105
Ciervo 105
Cocodrilo 106
Cóndor 107
Cuervo 107
Delfín 107
Elefante 108
Enano/gnomo 108
Escarabajo 108
Escorpión 109
Fénix 109

Gallo 110
Gato 110
Gigante 111
Grifo 112
Halcón 113
Hipopótamo 113
Hormiga 114
Jabalí 114
Jaguar 115
León 115
Lobo 116
Oca 117
Ondina 117
Oso 118
Pavo real 119
Pez 119
Quimera 119
Rana 120
Sapo 120
Serpiente 121
Sirena 123
Tortuga 123
Unicornio 124
Urraca 125
Vaca 125
Zorro 126

Capítulo VI. La simbología del tarot 129
  I. El Mago 130
  II. La Sacerdotisa 131
  III. La Emperatriz 133
  IIII. El Emperador 134
  V. El Sumo Sacerdote 135
  VI. Los Enamorados 137

VII. El Carro 138
VIII. La Justicia 139
VIIII. El Ermitaño 140
X. La Rueda de la Fortuna 141
XI. La Fuerza 142
XII. El Colgado 143
XIII. La Muerte 145
XIIII. La Templanza 146
XV. El Diablo 147
XVI. La Torre 148
XVII. La Estrella 149
XVIII. La Luna 150
XVIIII. El Sol 151
XX. El Juicio 152
XXI. El Mundo 154
XXII. El Loco 155

CAPÍTULO VII.   LA SIMBOLOGÍA DE LAS RUNAS 157
Runa Beorc 158
Runa Ur 159
Runa Feoh 160
Runa Porn 161
Runa Os 161
Runa Rad 162
Runa Ken 163
Runa Gyfu 163
Runa Wyn 164
Runa Haegl 164
Runa Nyd 165
Runa Ger 166
Runa Eoh 166
Runa Pear 167
Runa Eolh 168
Runa Sigel 168

Runa Tir 169
Runa Man 170
Runa Lagu 171
Runa Ing 172
Runa Epel 172
Runa Doeg 173

ANEXO I. LOS COLORES COMO SÍMBOLOS TRASCENDENTES 175
Blanco 175
Azul 176
Gris 176
Amarillo 176
Negro 176
Naranja 177
Rojo 177
Verde 177
Lila 177
Marrón 178
Rosa 178

ANEXO II. LOS NÚMEROS COMO SÍMBOLOS
TRASCENDENTES 179
El simbolismo de los números 179
Uno 179
Dos 180
Tres 180
Cuatro 180
Cinco 180
Seis 180
Siete 181
Ocho 181
Nueve 181
Cero 181